"十三五"江苏省高等学校重点教材（编号：2020-2-083）

电类专业大学生创新实践培训教程

陈功 郭杰 刘芝怡 赵麟 编著

·南京·

内 容 提 要

本书为电类专业大学生创新实践培训的指导教程。

本书结合企业需求、科研项目和社会热点，从产教融合、跨界创新和职业技能三个方面出发，对学科竞赛、专利构思和论文撰写进行指导，提出了理论和实践经验。针对刚入校的学生对于什么是竞赛、有哪些竞赛、如何参加竞赛、怎样实施竞赛、如何获奖的困惑，深入浅出，列举了大量的适合电类专业学生参与的创新创业项目。本书共6章，内容包括产教融合下的大学生创新实践背景、大学生创新实践类型、挑战杯赛案例详解、电类专业学科竞赛案例分析、个人能动与学科竞赛和产教融合的职业技能鉴定。各章后附有思考题。此外，电类专业学科竞赛详解和产教融合电类专业学科竞赛案例分析在教材和配套网站中分别提供详细的竞赛文件、课件、获奖项目视频和设计说明书可供参考。

本书可作为高等学校"创新创业教育""专业导论和职业发展"等课程的教材，还可供从事指导和参加电类专业学生竞赛的教师、学生参考。

图书在版编目(CIP)数据

电类专业大学生创新实践培训教程 / 陈功等编著．
—南京：东南大学出版社，2021.9
　ISBN 978-7-5641-9660-8

Ⅰ.①电… Ⅱ.①陈… Ⅲ.①大学生—创业—高等学校—教材— Ⅳ.①G647.38

中国版本图书馆 CIP 数据核字(2021)第 177129 号

电类专业大学生创新实践培训教程

Dianlei Zhuanye Daxuesheng Chuangxin Shijian Peixun Jiaocheng

编 著 者	陈功　郭杰　刘芝怡　赵麟
出版发行	东南大学出版社
出 版 人	江建中
责任编辑	朱珉
社　　址	南京市四牌楼2号
邮　　编	210096
经　　销	全国各地新华书店
印　　刷	南京工大印务有限公司
开　　本	787 mm×1092 mm　1/16
印　　张	10.5
字　　数	260千字
版　　次	2021年9月第1版
印　　次	2021年9月第1次印刷
书　　号	ISBN 978-7-5641-9660-8
定　　价	46.00元

(本社图书若有印装质量问题，请直接与营销部联系。电话:025-83791830)

前　言

2019年初教育部颁发的《国家职业教育改革实施方案》明确提出要完善学历教育与培训并重的现代职业体系，推动具备条件的普通本科高校向应用型高校转变，开展本科层次职业教育试点。在此背景下孕育而生的产教融合、校企合作即指学校根据所设专业，积极开办专业产业，把企业生产与教学密切结合，相互支持，相互促进，把学校办成集人才培养、科学研究、服务企业的产业性经营实体，形成学校与企业浑然一体的模式。

企业生产的理念和过程如果能提前在学生教学过程中得到思想上的影响和行动上的支撑，无疑能有效地提升学生理论到实践的知识消化能力和动手能力。上述过程其实在高职、高专类院校很普遍，面对未来众多本科类大学向应用技术大学的转变，是不是仍旧沿用传统高职、高专院校的教学理念是值得探讨和摸索的。现代企业产品的生产不再是单一的技术过程，而是融合了多个学科，其可能涉及机械、电气、艺术设计、产品推销和文字材料的撰写，这些专业技能显然需要不同领域的员工才能胜任，但是考虑到人力成本和快速生产抢占市场的急迫性，一专多能或者触类旁通型人才绝对是最抢手的。所以《国家职业教育改革实施方案》明确表示应用型本科高校要启动学历证书＋职业技能等级证书制度试点，即"1＋X"证书制度。它鼓励学生在获得学历证书的同时，积极取得多类职业技能等级证书。

高校跨界大学生创新训练，跨的是项目，跨的是学生，跨的是专业，跨的是院校和企业，在项目的实施过程中，学生明确了企业的生产和学校教学的互补关系，学生彼此间知识交叉，信息融合，既能发挥自己本专业技能又可以从实践中了解其他专业知识，这些从实践中获取的知识使得理论知识的学习不再枯燥，生动形象的实物加深了理论知识的理解。与此同时，企业和高校利益共享，即学生竞赛获奖含金量和技能证书的增加提升了学校竞争力，企业也可以减少新入职员工的培训周期。

本书编者根据常州工学院第三次党代会精神和"十四五"发展规划的要求，融合"产教融合、创新创业教育"两大特色，基于学校创新创业教育发展实情，遵循"线上线下、强调案例"的原则，考虑到电类专业学科竞赛现状和编者近几年指导学生竞赛的实践，参考了国内有关教材编写而成。

编者结合企业需求、科研项目和社会热点，尝试从产教融合、职业技能和跨界创新三个方面出发,对学生的学科竞赛、专利构思和论文撰写进行指导,提供了一些宝贵的理论和实践经验。针对刚入校的学生对于什么是竞赛、有哪些竞赛、如何参加竞赛、怎样实施竞赛、如何获奖的困惑,深入浅出,列举了大量的适合电类专业学生参与的创新项目。本教材与传统教材的区别在于:(1)介绍产教融合与学科竞赛的理论分析与实践应用;(2)提供多个电类竞赛案例产业行业背景、设计说明书、教师和学生比赛心得,并在配套网站提供相应的比赛视频、课件;(3)按时间顺序列举挑战杯校内及省级比赛的各个环节;(4)分析跨界融合对于竞赛实施的促进作用;(5)介绍电气信息工程学院自有职业技能证书考点平台。

本书得到2020年江苏省高等学校重点教材立项建设项目、常州工学院教学改革研究课题(产教融合型教材建设)资助(A3-3101-19-036),由电气信息工程学院、光电工程学院和经济与管理学院合作编写。参加本书编写工作的有陈功、郭杰、刘芝怡和赵麟。陈功主要负责第1章、第2章、第3章、第6章以及一部分第4章内容的编写,约9万字;郭杰主要负责第4章内容的编写,约8.6万字;刘芝怡负责第5章内容的编写,约8.4万字;赵麟负责插图和表格的绘制。本教材在撰写过程中蔡磊、宗律同学进行了校对,在此表示感谢。此外,编写团队还参阅了大量文献,在此特向这些文献的作者表示感谢。

特别说明的是本书出现学院名称、项目名称及作品名称不一致的情况,是因为近些年学院在不断调整,而项目及作品从申报到比赛结束也一直处于动态修改中。另外,本书第4章部分作品内容因篇幅及作品本身含有大量图片等原因,不方便全部展示,为此将相关参赛作品内容制作成二维码,置于书后。读者有需要时可以扫码阅读。

由于时间紧迫,加之编者的水平有限,书中难免存在不足及疏漏之处,希望广大读者批评指正,编者将不胜感激。

编者

2020年8月

本书配套竞赛案例网站

目　录

1　产教融合下的大学生创新实践背景 ………………………………………………（1）
　1.1　产教融合的概念 ………………………………………………………………（1）
　1.2　产教融合与校企合作 …………………………………………………………（1）
　1.3　产教融合与创新创业人才培养 ………………………………………………（2）

2　大学生创新实践类型 ………………………………………………………………（6）
　2.1　大学生创新训练项目 …………………………………………………………（6）
　2.2　学科竞赛 ………………………………………………………………………（10）
　2.3　专利申报 ………………………………………………………………………（28）
　2.4　大学生创新实践的意义 ………………………………………………………（37）

3　"挑战杯"赛案例详解 ………………………………………………………………（40）
　3.1　校内初赛(2018.3.3) ……………………………………………………………（40）
　3.2　团队学生组成 …………………………………………………………………（41）
　3.3　校内选拔赛第一轮遴选通知(2018.11.25) …………………………………（42）
　3.4　内选拔赛第一轮遴选结果(2018.11.29) ……………………………………（44）
　3.5　重点项目校内培训(2018.12.22) ……………………………………………（46）
　3.6　校内选拔赛第二轮遴选通知(2019.1.11) ……………………………………（47）
　3.7　校内选拔赛第二轮遴选结果(2019.4.2) ……………………………………（48）
　3.8　校外专家指导意见 ……………………………………………………………（48）
　3.9　江苏省"挑战杯"网络平台系统申报(2019.4.14) ……………………………（49）
　3.10　江苏省"挑战杯"赛入围省赛二等奖以上名单(2019.5.5) …………………（49）
　3.11　江苏省"挑战杯"赛预通知(2019.5.10) ……………………………………（50）
　3.12　江苏省"挑战杯"赛南京农业大学省赛 ……………………………………（54）
　3.13　江苏省"挑战杯"赛的表彰决定 ……………………………………………（54）

4　电类专业学科竞赛案例分析 ………………………………………………………（56）
　4.1　第十六届"挑战杯"全国大学生课外学术科技作品竞赛江苏省选拔赛决赛 ……（56）
　4.2　"互联网＋"大学生创新创业大赛省赛 ………………………………………（58）
　4.3　第十一届"挑战杯"江苏省大学生创业计划竞赛 ……………………………（67）
　4.4　TI杯全国大学生电子设计竞赛江苏赛区 ……………………………………（70）
　4.5　中国大学生计算机设计大赛 …………………………………………………（77）
　4.6　第十三届全国大学生节能减排社会实践与科技竞赛 ………………………（94）
　4.7　第八届全国大学生光电设计竞赛 ……………………………………………（97）
　4.8　第四届江苏省虚拟仪器竞赛 …………………………………………………（98）

4.9 江苏省大学生物理及实验科技作品创新竞赛 …………………………… (101)
4.10 全国三维数字化创新设计大赛 ………………………………………… (108)
4.11 "领航杯"江苏省大学生数字媒体作品竞赛 …………………………… (119)
4.12 第十一届"蓝桥杯"全国软件和信息技术专业人才大赛 …………… (125)
4.13 第七届江苏省机械创新设计大赛 ……………………………………… (129)
4.14 常州市高等教育和职业教育创新创业大赛 …………………………… (132)
4.15 常州市创新创业大赛 …………………………………………………… (137)
4.16 案例总结 ………………………………………………………………… (139)

5 个人能动与学科竞赛 …………………………………………………… (140)
5.1 参赛项目的选择 ………………………………………………………… (140)
5.2 团队的组建和管理 ……………………………………………………… (140)
5.3 指导教师的选择和遴选 ………………………………………………… (141)
5.4 学生能力的培养 ………………………………………………………… (142)
5.5 合理安排教学和竞赛 …………………………………………………… (144)
5.6 赛前交流和竞赛时的展示 ……………………………………………… (144)
5.7 赛后的总结、提升和传承 ……………………………………………… (144)
5.8 正确面对竞赛落选 ……………………………………………………… (145)
5.9 发挥传帮带作用 ………………………………………………………… (145)
5.10 跨界合作理念 …………………………………………………………… (146)
5.11 电类专业学科竞赛导师介绍 …………………………………………… (149)

6 产教融合的职业技能鉴定 ……………………………………………… (152)
6.1 机械行业职业技能鉴定 ………………………………………………… (152)
6.2 电气-优埃唯联合职业技能鉴定介绍 ………………………………… (153)

附录 电类专业学科竞赛 ……………………………………………………… (160)

参考文献 ………………………………………………………………………… (161)

1 产教融合下的大学生创新实践背景

本章阐述了产教融合的概念、发展历史、表现形式及其与传统校企合作模式之间的差异。针对应用型本科高等院校创新意识和创业技能型人才的培养目标,提出了将产教融合纳入电类专业人才培养的方案,并从平台的建设、方案的制定、队伍的建设和机制的形成方面进行了分析。

1.1 产教融合的概念

产教融合,"产"是指产业、行业,"教"是指教育。

1995年,江苏无锡市技工学校在《职业技能培训教学》上发表了《加强系统化管理,不断提高生产实习教学质量》,首次提出了产教融合的概念。该校在探索提高学生实习质量的过程中,提出"产教融合化",即千方百计寻求与生产实习紧密结合的产品,以提高学生的质量意识、产品意识、时间观念及动手能力。这里的产教融合,"产"仅指产品,"教"仅指生产实习教学,概念和内涵都比较狭窄,与目前所提出的产教融合概念有较大区别。2007年,《中国职业技术教育》《中国劳动保障报》对紫琅职业技术学院、青岛市技师学院等院校进行报道时,使用了"产教融合"这一概念,但没有阐明其内涵。2011年,教育部在《关于加快发展面向农村的职业教育的意见》中首次提出"促进产教深度合作"的要求。2013年,党的十八届三中全会作出的《中共中央关于全面深化改革若干重大问题的决定》中提出:"加快现代职业教育体系建设,深化产教融合、校企合作,培养高素质劳动者和技能型人才。"

产教融合的两个主体是产业、行业和学校,通过产、学、研的合作,实现企业、学校和学生的多赢局面。但是传统的校企合作人才培养模式层次有限,无法体现深度的人才培养和发展。

1.2 产教融合与校企合作

校企合作是指院校与企业建立的一种联合培养技能型人才的合作模式,是具体的院校与行业、企业开展的特定项目的合作,解决专业设置、课程教材开发、学生实习实训、专兼职教师培养聘用,以及企业文化与校园文化的融合等问题。校企合作强调的是人才培养方面,学校和企业都是育人的主体,宏观上利用学校和企业两种不同的教育环境和资源,两个主体密切合作,共同培养适合不同用人单位需要的具有职业素质和创新能力的人才。

校企合作培养模式源于国外的合作教育。1906年,美国俄亥俄州的辛辛那提大学工程学院赫尔曼·施耐德教授首次推出合作教育计划,27名学生到13家企业参加实践学习,开创了课堂教学与工作实践相结合的学习模式(即最初的合作教育),标志着产、学、研结合模式的诞生。随后英国、日本、澳大利亚等国纷纷借鉴美国的经验,开展校企合作。

我国开展校企合作教育的历史并不长。最早是从1958年提出"教育必须与生产劳动相结合"开始的。20世纪末,上海工程技术大学学习加拿大滑铁卢大学的经验,采用"一年三学期,工学交替"的办学模式进行产学合作教育试验,标志着我国校企合作引入阶段的开始。2005年,国务院第35号文件(国发〔2005〕35号)提出:"大力推行工学结合、校企合作的培养模式。"它的基本原则是产学合作、双向参与、互利互惠;校企合作实施的途径和方法是工学结合,顶岗实践;要达到的目标是提高学生全面素质,适应市场经济发展对人才的需求。

产教融合和校企合作的主要区别在于双方的合作程度,产教融合的形式更为多样,校企双方要形成稳定、高效、深层次的合作关系,通过提升人才培养的产教融合水平促进企业发展和学校办学实力的提升。

1.3 产教融合与创新创业人才培养

根据国家创新驱动发展战略和创新型国家建设的需要,应用型本科院校将具有创新意识和创业技能的高素质技能型人才作为培养目标,其目标的实现需要融入专业的整个人才培养方案,通过"产教融合"的教学组织实现。传统的校企合作教学组织并非真正意义上通过培养学生创新创业能力而实现产教融合的模式,集中表现为毕业生缺乏创新创业意识,创新创业能力不足。应用型本科院校如何实现深度的产教融合,将学生的创新创业能力培养融入学校和企业协同育人的全过程,是面临的一个新命题。

1.3.1 培养平台的创建

学生创新创业能力产教融合培养平台是培养学生创新创业能力的校企合作平台。高等院校实施校企合作的多年实践中,已经积累了较丰富的校企合作资源,由于体制原因,其深度和广度还不够,需要进一步加强校企的深度融合,搭建培养学生创新创业能力的学校和企业的平台。

学校和企业的创新创业能力培养平台是应用型本科院校充分利用国家和地方政府的政策,同时遵循市场经济的规律,在校企双赢基础上搭建的多元化校企合作管理平台。通过校企合作协议固化上述平台,其目标是强化企业在创新创业人才培养中的重要主体作用。

搭建这样平台的作用是建立一种校企双主体育人的机制,为学生创新创业能力双主体培养提供机制保障,形成一种校企共建的双创事业、协同育人的局面。

1.3.2 培养方案的制定

应用型本科院校立足于建设创新型国家需要具有创新意识和创业技能的人才的大背景,围绕为本地区支柱行业和战略新兴产业服务的主题,培养具备创新创业能力的高素质技能人才,关键在于制定好学生创新创业能力产教融合的人才培养方案,将创新创业人才培养融入学校和企业"双主体"人才培养的全过程。

创新创业能力产教融合人才培养方案有两个基本特征:一个是行业、企业需要的能力,即要准确把握行业、企业对应用型本科院校毕业生创新创业能力的需求,将行业、企业对毕业生创新创业能力的需求,作为人才培养方案中课程体系和课程教学内容的依据。二是"双主体"培养,就是要充分利用学校和企业这两个"双主体"培养平台,学校和企业共同制定融入创新创业能力培养的专业人才培养方案,共同构建专业课程体系,共同开发课程教学资源,共同实施课程教学及考核评价,共同指导学生创新创业实践。

创新创业能力产教融合人才培养方案的制定包含以下方面：①基于行业、企业对毕业生创新创业能力需要,其要在进行广泛的行业、企业需求调研及收集行业、企业对应用型本科院校毕业生创新创业能力的要求的基础上确定；②需要经过以行业、企业专家为主的专业指导委员会研讨认证；③采用科学的分析方法,能够将大量调查研究资料进行科学归纳,得到可行的方案,作为创新创业课程的设计依据。

在产教融合的人才培养方案编制时,教学环节和课程教学组织形式设计遵循创新创业能力递进的培养原则,按照学生创新创业过程递进培养进行系统设计。通过意识培养激发学生的创新意识,培育学生的创新思维；通过创新创业体验,实现从创新创业认知到体验感知；通过实体孵化,建成校内经营性创业项目,持续培育学生创新创业能力,不断形成创新创业成果。

具体实施方案可以采取:

第1～2学期,开展创新创业理论必修课程和选修课程教学,实现课前－课后－课外的创新创业教学全过程,组建创新创业社团,开展创新创业的团学活动,培养创新创业意识；

第3～5学期,安排创新创业实践课程教学环节,实现从"上课到上班"的转变,在校外跟岗、顶岗实习中融入创新创业要求,实现实习过程的创新创业技能培养；同时在专业课程教学中融入创新创业教育,鼓励学生参加各级各类技能比赛和创新创业大赛；

第6～8学期,推动学生将创新创业比赛和技能大赛成果转化为实体,孵化创新创业项目,组织学生进入创新创业孵化基地进行创业实体经营,提升学生创新创业实际工作经验和能力。人才培养方案的实施需要深度的产教融合。

1.3.3　教学组织的设立

应用型本科院校在构建专业课程体系时,应将创新创业课程作为专业课程体系中的一部分进行系统设计。该部分课程包括创新创业理论课程、融入创新创业知识点的专业课程、创新创业实践课程。课程设置要遵循行业企业对毕业生创新创业能力需求导向。在制定专业课程标准和实训实习标准时,要将创新创业的知识点编入标准,作为专业课程教学和实训实习的内容。通过创新创业理论课程教学,达成培育学生创新创业意识的目标；通过融入创新创业知识点的专业课程教学和课程实训,达成培养学生创新创业基本技能的目标；通过创新创业实践课程教学,达成提高学生创新创业技能、进行创新创业体验、实体孵化的目标。

创新创业理论课程和实践课程需要按照校企"双主体"来进行模块化设计,分为学校教师传授、企业教师传授课程模块以及学校和企业教师联合传授课程模块。

(1) 将创新创业的理论课程设计为校内课程模块,由学校教师讲授,通过改革传统课堂教学模式,养成学生质疑问难、独立思考的习惯,培养学生的创新品质和意识。

(2) 将融入创新创业知识点的专业课程设计为学校和企业教师联合传授的课程模块。通过课堂、校内实训基地和校外实习基地交互式教学组织,培养学生的创新创业基本技能。

课程教学和实训实习需要采用学校和企业"双主体"交互式组织,要体现校企"双主体"交互式教学的特点。学校课程模块的教学还应在创新创业意识培育的基础上,将从"创新创业体验"到"企业实际商业运营"的实践教学引入课堂,推行情景式教学、参与式教学等多样化的教学形式,并有计划地组织学生在创新创业导师指导下进行创新创业社团活动、科研创新活动、技能竞赛活动等,使学生在虚拟和真实环境中学习,在社会实践活动中大胆创新,培养学生的创新意识、创新热情和创新创业的基本能力。

(3) 将实习课程设计为企业教师传授的课程模块。通过企业教师对学生传授新工艺、新技术和学生的实习,培养学生的专业技能、创新能力,激发学生的创新创业的灵感和热情。

企业教师传授的课程模块在校外实习基地组织教学时,还应有计划地安排学生作为校企合作研发项目、课题的助手,让学生体验和参与校企合作创新的过程,培养学生的创新兴趣和能力。

1.3.4 师资队伍的建设

随着应用型本科院校学生创新创业能力培养模式教学组织形式的变化,学校和企业"双主体"的师资队伍建设就成为必然要求。学校和企业两个主体都要承担培训教师的责任和义务。"双主体"师资队伍根据课程设计,既包含传统的技术技能培养要求,还包含学生创新创业意识培育和能力培养的要求。

"双主体"师资队伍建设要体现"双主体"培养的特点,即由学校和企业联合培养。"双主体"师资队伍建设过程中主要是要解决培养机制问题,应用型本科院校要建立和固化对合作企业导师的培养机制,要明确企业导师是"双主体"师资队伍的重要组成部分,在学校师资队伍建设规划中,要规划培养一批稳定的企业技能大师和企业骨干教师。要将企业导师的培养培训支出、补贴支出作为学校的正常教学支出,列入预算给予保障。院校要根据规划针对性地通过多种形式的教育教学培训,使企业导师取得高等教师资格,掌握先进的教育教学理念和现代教育的教学方法,提高他们的执教能力。还应与合作企业协调好企业导师接受培训、到校任教和在企业教学的时间安排,保障企业导师的权益。

院校要充分挖掘"双主体"培养平台的功能,建立企业员工和学校教师相互培养机制。学校教师到企业培养可采用企业岗前培训、挂职顶岗、合作研发、假期研修等形式,全面提升教师专业实践能力和应用技术开发能力。学校教师到企业挂职、合作研发,企业给予正常报酬,列入企业成本核算;学校教师到企业岗前培训、假期研修,学校列入培训支出,作为事业支出,不增加企业负担。

"双主体"师资队伍建设还应突出创新创业建设内容,加强"双主体"师资队伍创新创业教学能力的培养,使学校和企业更多的教师获得创新创业培训师资质,并建立创新创业团队,实施创新创业"双主体"导师制度,指导学生创新创业活动的开展。通过"双主体"师资队伍建设,不但"双主体"师资本身受益,而且可获得创新创业实践教学案例,反哺创新创业教学;学校和企业教师作为校企合作的纽带,能够促使学校和企业联系更加密切,进一步促进学校和企业的深度融合。

1.3.5 培育机制的形成

学生创新创业成果的孵化是应用型本科院校创新创业能力培养的最后环节,其需要项目的培育和孵化基地,这两部分也要体现"双主体"特征,需要产教融合培育机制的保障。

(1) 对于培育的项目

创新创业的培育项目来源于前期校内学生的创新创业实践内容。来源主要包括:各级各类创新创业大赛项目;具有可行性的学生创新创业团队活动;学生在企业实训实习期间获得的灵感。学校和市级、省级相关部门应建立创新创业学分积累和转换机制,安排"双主体"创新创业导师指导学生参加创新创业活动,定期组织创新创业大赛,激发学生参加创新创业大赛的热情。学校要加大扶持校级获奖项目的培育力度,鼓励校级获奖项目参加国家、省、市和行业创新创业大赛,通过高强度的备赛过程提升学生的创新创业技能和信心,通过优异的成绩来提高学生创新创业的成就感。

(2) 对于孵化基地

在学校层面,提供校内实训基地、产教大楼作为学生创新创业实验平台,建设校内学生创新创业实体孵化基地,提供学生创新创业必要的条件,打造校内创新创业实实在在的孵化平台。在学生创新创业项目进入创新创业孵化基地进行实体孵化时,采用项目奖励、场地租用、水电费减免等形式给予一定的财政补贴。对于实体项目要求按照经营模式进行成本核算,使学生在真实的社会环境中进行创新创业的体验。合作企业应为学生提供项目孵化实验平台和必要的技术指导,以促进学生创新创业项目的成熟。

习题 1

1.1 产教融合的概念。

1.2 产教融合与校企合作的区别。

2 大学生创新实践类型

本章从大学生创新的概念出发,重点介绍了近年来学校和电气学院创新训练项目申报现状,围绕大学生创新训练项目的成果——学科竞赛和发明专利进行解读,总结了大学生创新的意义,并就所面临的问题以及如何进一步提升创新做了分析。

2.1 大学生创新训练项目

2.1.1 大学生创新的概念

当今社会科技发展日新月异,综合国力竞争日趋激烈,21世纪对当代大学生的综合素质要求越来越高,科技创新能力成为高素质人才的核心和灵魂,培养和提高大学生创新能力的问题更加突出地摆在我们面前。《国家中长期教育改革和发展规划纲要(2010—2020年)》指出:"创新人才培养模式应遵循教育规律和人才成长规律,深化教育教学改革,创新教育教学方法,探索多种培养方式,形成各类人才辈出、拔尖创新人才不断涌现的局面。"

大学生创新是指组织引导大学生通过对科技文化知识的学习、转化、运用和自主创造,培养其科技创新意识、创新精神和创新能力的实践活动。它是高校培养具有创新精神和实践能力的高级专门人才的重要途径。因此大学生创新通常也定义为大学生科技创新。随着高等教育改革的不断深化,客观认识大学生科技创新活动现状,深刻分析当前影响大学生科技创新活动的各种因素,对于推动大学生科技创新教育,提升高校人才培养质量,增强高等教育的自主创新能力,具有重要的历史和现实意义。

大学生科技创新活动一般包括科技学习与实验、科技创新与应用两大层次。

科技学习与实验是指在扎实掌握第一课堂理论知识的基础上通过自学开展的掌握专业知识、查阅文献、听取学术报告、交流学术论文等知识拓展活动。

科技创新与应用是指开展科技创新并应用创新成果。科技创新是原创性科学研究和技术创新的总称,是指创造和应用新知识、新技术和新工艺,采用新的生产方式和经营管理模式,开发新产品,提高产品质量,提供新服务的过程。科技创新与应用可以被分成三种类型:知识创新、技术创新和现代科技引领的管理创新。

2.1.2 电类专业大学生创新训练统计和分析

常州工学院在2015年底就专门成立了创新创业教育工作领导小组、创新创业教育工作委员会,于2016年颁发了《常州工学院深化创新创业教育改革实施方案》,并成立创新创业学院,主要承担开设创新创业课程、开展创新创业培训、搭建创新创业平台、管理创新创业项目、组织创新创业竞赛、培育创新创业成果、完善创新创业服务、加强创新创业研究等职责,致力于全面打造"创新、创业、创意、创造"四创融合空间,全力构建"众创、众包、众扶、众筹"四众服务平台,全面营造有利于创新创业人才成长与发展的良好教育环境。目前,学校创新创业学院已被认定为常州市众创空间、常州市创新创业学院。

学校"分层次、分阶段、分类别""分专业、分年级、分学生"初步构建了创新创业课程、创新创业讲堂、创新创业训练、创新创业竞赛、创新创业诊室和创新创业孵化"六位一体"的创新创业教育体系。2016—2017学年,开发建设"团队+教材+慕课"的创新创业教育通识共享课程和专业创新创业教育基础示范课程,共开设创新创业类通识课程58门(其中网络课程6门),6 849名学生选修;开设创新创业讲座20场次,参与学生2 000余人;继续免费开展SYB("START YOUR BUSINESS",意为"创办你的企业")、GYB("GENERATE YOUR BUSINESS IDEA",意为"你的创业想法")、互联网+创业培训课程,分别培训400名学生、180名学生、40名学生;聘请8名校外创新创业兼职导师,校内外创新创业导师队伍达到85人;在创新创业学院开辟了700平方米的学生工作室,面向全校招募13个创新创业团队入驻。

学校形成了国家、省、校、院四级大学生创新创业训练计划实施体系。根据《常州工学院大学生创新创业训练计划项目管理办法》,学校每年划拨专项经费近70万元立项建设一批校级重点大创项目,择优遴选申报省级和国家级大创项目。二级学院立项资助院级大创项目作为校级项目的预培育,使每一名大学生在校期间至少参与一项大学生创新创业训练计划项目。

以下列举2018—2019学年,学校大学生创新项目实例,重点给出了电气信息工程与光电工程学院的分析,需要说明的是,当时两个学院均属于电气与光电工程学院。

2018—2019学年,学校共立项340项校级大学生创新创业项目,覆盖学生1 713人次。其中电气信息工程与光电工程学院共立项18项校级重点项目、47项校级一般项目,共覆盖学生337人次。在校级大创项目中经过二级学院和学校的遴选,共获批81项省级大创项目,其中电气信息工程与光电工程学院共有2项省级重点项目、3项省级一般项目、6项省级指导项目和1项校企合作项目,共覆盖学生65人次(见表2.1~表2.3,图2.1)。

需要说明的是:

(1) 校级大创项目实施周期为1年,2018年省级大创项目是从2017年申报的校级大创项目中遴选出来的,其实施周期也为1年,省级大创项目实施期间需要在江苏省大创管理平台(http://jscx.njnu.edu.cn/)进行开题、中期检查和结题资料的递交。

(2) 电气信息工程与光电工程学院等工科二级学院通常申报创新项目,即实物制作、软件仿真和理论计算,而创业类项目侧重于撰写某一实体的创业计划书、商业计划书,一般适合于经管学院等文科类二级学院。

(3) 校级重点项目和一般项目通常由二级学院的专家教授根据项目前期研究基础、学生参与度、教师的前期竞赛成果、实施的难易程度、预期成果来进行分类。校级重点项目和一般项目的经费金额均为1 000元,分别由学校和二级学院提供资助,金额由教师支配。

(4) 校级重点项目在立项后的半年时间内,由学校创新创业学院发通知,项目负责人申报,即可以遴选为省级项目,省级项目包含重点、一般、指导和校企合作项目。其资助金额为1 000~3 000元不等。其中省级重点项目直接遴选为国家级大学生创新项目。

表 2.1　2018 年学校校级大创项目人数统计表

学院	机车学院	电光学院	计算机学院	土建学院	经管学院	外国语学院	教文学院	艺术学院	数化学院	其他
人数	264	337	122	94	266	159	187	96	123	65

表 2.2　2018 年电气信息工程与光电工程学院校级大创项目统计表

	校级重点	校级一般	参加项目总人数	所占比例	总人数	所占比例
电气、光电学院（2015 级人数）	2	22	24	7.1%	525+276=801	3%
电气、光电学院（2016 级人数）	65	101	166	49.3%	564+309=873	19%
电气、光电学院（2017 级人数）	49	57	106	31.5%	528+285=813	13%
电气、光电学院（2018 级人数）	14	27	41	12.2%	455+321=776	5.3%
校级参与人数	130	207	337	100%	3 263	10.3%

注：校级大创立项 65 项，其中校级重点项目 18 项，校级一般项目 47 项。

表 2.3　2018 年电气信息工程与光电工程学院省级大创项目统计表

	省级重点	省级一般	省级指导	校企合作	参加项目总人数	所占比例	总人数	所占比例
电气、光电学院（2015 级人数）	6	8	21	5	40	62%	801	5%
电气、光电学院（2016 级人数）	7	7	7	0	21	32%	873	2.4%
电气、光电学院（2017 级人数）	0	1	1	0	2	3%	813	0.25%
其他学院	0	2	0	0	2	3%	776	0.24%
省级参与人数	13	18	29	5	65	100%	3 263	2%

关于公布 2018 年到期大学生创新创业训练计划项目验收结果的通知

校教〔2018〕18 号

各二级学院、体育部、各部门：

　　根据江苏省教育厅及学校有关文件要求，学校组织对 2018 年到期的 269 项大学生创新创业训练计划项目进行了验收。校级一般项目 107 项由二级学院评审验收，国家级、省级和校级重点项目 162 项由学校组织专家统一验收。经评审，有 53 项优秀通过、79 项良好通过、132 项合格通过、2 项不合格、3 项撤项，验收结果具体名单见附件。

　　从本次验收情况来看，多数项目主持人和项目组成员在教师的指导下，能够按计划组织实施，认真训练，基本完成预定目标。但也有部分项目存在学生参与程度不高、人员变动大、教师指导不到位、实际成果与预期成果有出入、研究成果与研究项目的关联度不大等问题。特别是还有个别项目没有按进度计划开展工作，导致无法达到验收要求。学校将对尚未完全达到预期成果的项目继续跟踪，并要求所有通过验收的省级项目与校重点项目参加下一届学校组织的创新创业成果展，同时择优推荐参加省、市大学生创新创业大赛。

　　大学生创新创业训练计划项目的结题验收情况已纳入我校二级学院年度目标责任考核，不按期结题的项目所在学院年终考核将按学校规定处理，相关项目负责人和指导教师 2 年内不得申报大创项目。希望各二级学院、体育部和有关部门切实加强对大学生创新创业训练计划项目的组织管理与过程监控，不断提高项目成果质量。

图 2.1　2018 年到期大学生创新创业训练计划项目验收结果

(http://www.czu.cn/2018/0611/c6a59778/page.htm)

从图 2.1 及表 2.1~表 2.3 可知：

(1) 学校层面学生参与年级来源没有具体的统计数据，但是电气和光电学院的学生来源，2018 年校级大创项目学生主要来源于 2016 级、2017 级的学生，分别占当年参加竞赛学生数的 49.3% 和 31.5%，分别占 2016 级和 2017 级两个学院总人数的 19% 和 13%。

主要原因为 2018 年 10 月开始通知申请大创项目，而此时 2017 级学生经过一年的公共基础课的学习，正式进入专业课的学习，而大创项目实施时间为一年，2017 级的学生在学习专业知识的同时可以完成创新训练竞赛项目。但是 2017 级学生毕竟所了解的专业知识有限，所以 2016 级学生也会成为项目实施的主要成员，2016 级学生已经经过一年的专业课学习，具备一定的动手能力，且 2016 级学生一般于 2019 年上半年准备考研，在项目实施期间主要起到辅导 2017 级学生的作用，不需要花费较多的时间。

此外部分优秀的 2018 级学生、未考研的 2015 级学生也会参与其中，但是比例较少，学校也不鼓励这些学生参与。主要原因为：一方面，2018 级学生知识储备不足；另一方面，2015 级学生时间不允许。

(2) 电气和光电学院参与省级大创项目的学生主要来源于 2015 级、2016 级学生，分别占当年参加竞赛学生数的 62% 和 32%，分别占 2015 级和 2016 级两个学院总人数的 5% 和 2.4%。

由于 2018 年省级大创项目来源于 2017 年立项的校级大创项目的重点项目，因此主要学生来源于 2015 级学生，这也符合上述校级项目的分析。

(3) 每个大创项目最多可以有 2 个项目主持人和 6 个项目参与人。指导教师一般是愿意指导学生竞赛训练且每年会指导学生进行项目申请的老师，学生可以找上述教师参与训练中。

(4) 大创项目的内容既可以是学生自己的想法或理念，也可以是教师的科研项目。建议结合教师科研项目，因为指导教师相对比较熟悉。否则 1 年到期，没有按照预期结项，会影响教师下一年度项目的申请。

图 2.1 中 2018 年到期大学生创新创业训练计划项目评审结果通知，其中有 53 项优秀通过、79 项良好通过、132 项合格通过、2 项不合格、3 项撤项。所有通过验收的省级项目与校级重点项目参加下一届学校组织的创新创业成果展，同时择优推荐参加省、市大学生创新创业大赛。另外，大学生创新创业训练计划项目的结题验收情况已纳入学校二级学院年度目标责任考核，不按期结题的项目所在学院年终考核将按学校规定处理，相关项目负责人和指导教师 2 年内不得申报大创项目。

2019 年前的申报时间基本在 10 月底 11 月初，由教务处网站(http://jwc.czu.cn)公布。从 2019 年开始，由创新创业学院网站(http://dczx.czu.cn)公布。校级项目分重点、一般和指导三种类型。重点资助金额达 2 000 元，需要完成的指标也比较高，一般结题需要参与项目学生的论文或发明专利或竞赛获奖；一般项目和指导项目资助金额为 1 000 元，一般完成一个最终的设计报告即可结题。校级重点项目可遴选为省级重点和省级一般项目(资助金额为 3 000 元)，省级重点项目可以遴选为国家级项目(资助金额为 5 000 元)。

这几年通过对不同年级学生的调研，很多学生不太清楚有这个项目可以申报，更不要说申报的时间和具体通知，学生也不清楚申报这种项目对他们有什么帮助，即使有的学生知道，但是都是被动地等待教师或者其他高年级的学生找到自己。

通过该书的配发并结合笔者在电类专业"专业导论与职业发展"的课程,专门给一年级新生教授2个学时的"大学生创新与就业"专题课,把该项目实施的时间、内容、意义等信息告诉学生,让他们知道可以申报此类项目,然后其他教师从不同方面向学生介绍,这样学生就可以逐渐了解该类型项目。

从这几年项目的实施过程来看,笔者还没有碰到过能自己提想法然后邀请教师指导的学生,都是被动式地将教师的科研项目作为大创的申报内容。为了鼓励更多的学生有自我想法和创新意识,在《专业导论与职业发展》课程的"大学生创新与就业"专题课上,笔者要求每位学生递交一份创新设计作品,并且提供专利检索网的对比文件,然后仔细研读学生设计,找出具有较强创新思想的作品,后期重点培养以学生作为第一发明人能够申报发明专利。通过发明专利启发学生做出实物或者完成一个设计,这样就可以为学生自主申报大学生创新项目提供素材。

2.2 学科竞赛

大学生学科竞赛是指一类旨在培养大学生科技创新实践能力、提高大学生科学素养的专业性或综合性竞赛,得到了国家的大力提倡。由于竞赛种类繁多,中国高等教育学会自2017年以来每年公布影响力较大并得到国内高校认可的学科竞赛作为参考,并且提供全国高校学科竞赛排行榜,为高校提高人才培养质量提供服务性参考信息。

自2017年12月14日,中国高等教育学会"高校竞赛评估与管理体系"专家工作组在杭州发布2012—2016年我国普通高校学科竞赛排行榜以来,学会针对高校竞赛的研究工作正式拉开序幕。2018年2月2日,中国高等教育学会在北京继续发布"2013—2017年普通高校学科竞赛排行榜",并于当年4月份在武汉发布我国首部"全国大学生竞赛白皮书(2012—2017)",为进一步规范管理,推动和发挥学科竞赛类活动在教育教学、创新人才培养等方面的重要作用,提供了规范和引导。2019年1月19日,全国高校竞赛评估排行榜专家委员会第二次会议在杭州召开,会议通过无记名投票,将15项竞赛列入2014—2018年高校竞赛排行榜,其中本科类竞赛12项,高职类竞赛3项,列入排行榜的竞赛项目从原来的"18+1"项转变为"30+4"项(见表2.4)。

表2.4 2014—2018年列入全国高校排行榜的竞赛名单

序号	竞赛名称	备注
1	中国"互联网+"大学生创新创业大赛	
2	"挑战杯"全国大学生课外学术科技作品竞赛	
3	"挑战杯"中国大学生创业计划大赛	
4	ACM-ICPC国际大学生程序设计竞赛	
5	全国大学生数学建模竞赛	
6	全国大学生电子设计竞赛	
7	全国大学生化学实验邀请赛	
8	全国高等医学院校大学生临床技能竞赛	

续表 2.4

序号	竞赛名称	备注
9	全国大学生机械创新设计大赛	
10	全国大学生结构设计竞赛	
11	全国大学生广告艺术大赛	
12	全国大学生智能汽车竞赛	
13	全国大学生交通科技大赛	
14	全国大学生电子商务"创新、创意及创业"挑战赛	
15	全国大学生节能减排社会实践与科技竞赛	
16	全国大学生工程训练综合能力竞赛	
17	全国大学生物流设计大赛	
18	"外研社杯"全国大学生英语演讲大赛	
19	全国职业院校技能大赛	只纳入高职排行
20	全国大学生创新创业训练计划年会展示	
21	全国大学生机器人大赛 RoboMaster	
22	"西门子杯"中国智能制造挑战赛	
23	全国大学生化工设计竞赛	
24	全国大学生先进成图技术与产品信息建模创新大赛	
25	全国三维数字化创新设计大赛(大学生组)	
26	中国大学生计算机设计大赛	
27	全国大学生市场调查与分析大赛	
28	中国大学生服务外包创新创业大赛	
29	两岸新锐设计竞赛"华灿奖"	
30	长江钢琴全国高校钢琴大赛	
31	中国高校计算机大赛大数据挑战赛	
32	世界技能大赛	
33	世界技能大赛中国选拔赛	只纳入高职排行
34	全国大学生机器人大赛 RoboTac	

本次共发布 12 个高校学科竞赛评估结果榜单。按照本科、高职和省份分类,共发布 6 个全国高校学科竞赛评估结果榜单,分别为:①本科:2014—2018 年全国普通高校竞赛评估结果(本科),发布 TOP300;2018 年全国普通高校竞赛评估结果(本科),发布 TOP100;②高职:2014—2018 年全国普通高校竞赛评估结果(高职),发布 TOP300;2018 年全国普通高校竞赛评估结果(高职),发布 TOP100;③省份:2014—2018 年全国普通高校竞赛评估结果(省份),发布 TOP15;2018 年全国普通高校竞赛评估结果(省份),发布 TOP10。本次公布的排行榜数据统计口径为 2014 年年初到 2018 年年末。

分类型发布高校学科竞赛评估结果,分别为:2014—2018 年综合类本科院校学科竞赛评估结果(本科),发布 TOP20;2014—2018 年理工类本科院校学科竞赛评估结果(本科),发布

TOP20；2014—2018年人文社科类本科院校学科竞赛评估结果（本科），发布TOP20；2014—2018年农林医药本科院校学科竞赛评估结果（本科），发布TOP20；2014—2018年师范类本科院校学科竞赛评估结果（本科），发布TOP20；2014—2018年"民办及独立学院"学科竞赛评估结果，发布TOP20。

（以上详细的资料可以访问网址 http://www.hie.edu.cn/news_12577/20190222/t20190222_994032.shtml）

2019年全省普通高校本、专科生学科竞赛省级赛事项目认定名单见表2.5。

表2.5 2019年全省普通高校本、专科生学科竞赛省级赛事项目认定名单

序号	竞赛项目名称	主办单位
1	江苏省第一届大学生生物医学创新设计竞赛	东南大学
2	江苏省普通高等学校第十六届高等数学竞赛	江苏省高等学校数学教学研究会
3	第十一届江苏赛区全国大学生广告艺术大赛	全国大学生广告艺术大赛江苏赛区组委会
4	2019年第13届全国大学生电子设计竞赛江苏赛区竞赛	全国大学生电子设计竞赛江苏赛区组委会
5	江苏省大学生工业设计大赛（首届）暨第五届全国大学生工业设计大赛江苏赛区选拔赛	全国大学生工业设计大赛江苏赛区组织委员会
6	江苏大学生交通科技大赛（第四届）	江苏省城市科学研究会、江苏省城市规划研究会、南京市科学技术协会
7	第十五届江苏省大学生土木工程结构创新竞赛	中国土木工程学会教育工作委员会江苏分会、江苏省土木建筑学会
8	江苏省第五届大学生水创意设计竞赛	江苏省发明协会、江苏省高等学校知识产权研究会、江苏省高等教育学会、江苏省水力发电工程学会
9	2019年江苏省第八届大学生化工设计竞赛暨第十三届全国大学生化工设计竞赛江苏赛区预选赛	江苏省化学化工学会、江苏省高校实验室研究会、江苏省化工行业协会、江苏省高等学校实验教学示范中心联席会
10	第16届江苏省高校大学生物理与实验科技创新竞赛	江苏省物理学会
11	2019年第6届江苏省大学生计算机设计大赛暨2019年中国大学生计算机设计大赛江苏省级赛	江苏省大学生计算机设计大赛组委会
12	2019年第四届江苏省大学生程序设计大赛	江苏省计算机学会
13	2019年第二届江苏省大学生网络空间安全知识技能大赛	江苏省计算机学会
14	2019"外研社杯"全国大学生英语挑战赛（演讲、写作、阅读）江苏赛区比赛	外语教学与研究出版社、教育部高等学校大学外语指导委员会、教育部高等学校英语专业教学指导分委员会
15	2019"外研社杯"全国高职高专英语挑战赛（演讲、写作）江苏赛区比赛	外语教学与研究出版社、教育部高等学校大学外语指导委员会、教育部高等学校英语专业教学指导分委员会、中国外语与教育研究中心
16	第四届"奥派杯"全国移动商务技能竞赛江苏赛区选拔赛	全国电子商务职业教育教学指导委员会
17	2019第九届中国教育机器人大赛江苏赛区	中国人工智能学会

2020年1月3日，全国高校竞赛评估排行榜专家委员会在杭州召开会议，审议并通过了《高校竞赛排行榜评估项目遴选办法（2019年修订）》，并对竞赛排行榜内的竞赛项目进行了动态调整，会议采取无记名投票方式，新增12项竞赛纳入排行榜（榜单内已有竞赛的子赛不纳入

计算项目数),退出 2 项。据统计,全国共有 1 172 所本科院校进入 2015—2019 年全国普通高校学科竞赛排行榜(本科)。在排行榜中,哈尔滨工业大学位列榜首,浙江大学和武汉大学分列第二名和第三名,第四到第十名分别是电子科技大学、山东大学、西安交通大学、华中科技大学、上海交通大学、东南大学和东北大学。排行榜内竞赛项目详见表 2.6。

表 2.6 2015—2019 年列入全国高校排行榜的竞赛名单

序号	竞赛名称	备注
1	中国"互联网+"大学生创新创业大赛	
2	"挑战杯"全国大学生课外学术科技作品竞赛	
3	"挑战杯"中国大学生创业计划大赛	
4	ACM-ICPC 国际大学生程序设计竞赛	
5	全国大学生数学建模竞赛	
6	全国大学生电子设计竞赛	
7	全国大学生化学实验邀请赛	
8	全国高等医学院校大学生临床技能竞赛	
9	全国大学生机械创新设计大赛	
10	全国大学生结构设计竞赛	
11	全国大学生广告艺术大赛	
12	全国大学生智能汽车竞赛	
13	全国大学生交通科技大赛	
14	全国大学生电子商务"创新、创意及创业"挑战赛	
15	全国大学生节能减排社会实践与科技竞赛	
16	全国大学生工程训练综合能力竞赛	
17	全国大学生物流设计大赛	
18	外研社全国大学生英语系列赛(英语演讲、英语辩论、英语写作、英语阅读)	
19	全国职业院校技能大赛	只纳入高职排行
20	全国大学生创新创业训练计划年会展示	
21	全国大学生机器人大赛 RoboMaster、RoboCon、RoboTac	其中,RoboTac 只纳入高职排行
22	"西门子杯"中国智能制造挑战赛	
23	全国大学生化工设计竞赛	
24	全国大学生先进成图技术与产品信息建模创新大赛	
25	中国大学生计算机设计大赛	
26	全国大学生市场调查与分析大赛	
27	中国大学生服务外包创新创业大赛	
28	两岸新锐设计竞赛"华灿奖"	
29	中国高校计算机大赛大数据挑战赛、团体程序设计天梯赛、移动应用创新赛、网络技术挑战赛	
30	世界技能大赛	只纳入高职排行

续表 2.6

序号	竞赛名称	备注
31	世界技能大赛中国选拔赛	只纳入高职排行
32	中国机器人大赛暨 RoboCup 机器人世界杯中国赛	
33	全国大学生信息安全竞赛	
34	全国周培源大学生力学竞赛	
35	中国大学生机械工程创新创意大赛、过程装备实践与创新赛、铸造工艺设计赛、材料热处理创新创业赛、起重机创意赛	
36	"蓝桥杯"全国软件和信息技术专业人才大赛	
37	全国大学生金相技能大赛	
38	"中国软件杯"大学生软件设计大赛	
39	全国大学生光电设计竞赛	
40	全国高校数字艺术设计大赛	
41	中美青年创客大赛	
42	全国大学生地质技能竞赛	
43	米兰设计周——中国高校设计学科师生优秀作品展	
44	全国大学生集成电路创新创业大赛	

2.2.1 主要竞赛分类

(1) 工科类科技竞赛

工科类科技竞赛有利于参赛者对所学知识进行综合提升和应用，同时学科研究类的竞赛注重参赛者的学术研究和表述观点的能力，有利于培养研究性学习能力；对于制作类的竞赛，能够加强学生动手能力的培养和工程实践的训练，提高学生对实际问题进行设计、制作的综合能力。表 2.7 为工科类科技竞赛一览表。

表 2.7 工科类科技竞赛表

序号	竞赛名称	相关专业
1	全国大学生电子设计竞赛	电气、电子信息、自动化、测控、光电、计算机、机电等相关专业
2	全国大学生化学实验邀请赛	化学工业等相关专业
3	全国大学生机械创新设计大赛	机械、汽车等相关专业
4	全国大学生结构设计竞赛	土木工程、建筑学等相关专业
5	全国大学生智能汽车竞赛	自动化、模式识别、传感技术、电子电气、计算机、机械与汽车等相关专业
6	全国大学生交通科技大赛	交通工程、交通运输、道路桥梁、航海技术、飞行技术等相关专业
7	全国大学生工程训练综合能力竞赛	机械等相关专业
8	全国大学生机器人大赛 RoboMaster、RoboCon、RoboTac	计算机、电气、电子信息、自动化、测控等相关专业
9	"西门子杯"中国智能制造挑战赛	电气、电子信息、自动化等相关专业

续表 2.7

序号	竞赛名称	相关专业
10	全国大学生化工设计竞赛	化学工业等相关专业
11	全国大学生先进成图技术与产品信息建模创新大赛	机械等相关专业
12	中国大学生计算机设计大赛	计算机、电气、电子信息、自动化、测控等相关专业
13	中国高校计算机大赛大数据挑战赛、团体程序设计天梯赛、移动应用创新赛、网络技术挑战赛	计算机等相关专业
14	中国机器人大赛暨 RoboCup 机器人世界杯中国赛	计算机等相关专业
15	全国大学生信息安全竞赛	计算机等相关专业
16	中国大学生机械工程创新创意大赛过程装备实践与创新赛、铸造工艺设计赛、材料热处理创新创业赛、起重机创意赛	机械等相关专业
17	蓝桥杯全国软件和信息技术专业人才大赛	电气、电子信息、自动化、测控、光电、计算机等相关专业
18	全国大学生金相技能大赛	机械等相关专业
19	"中国软件杯"大学生软件设计大赛	计算机等相关专业
20	全国大学生光电设计竞赛	光电、电子信息、自动化、测控等相关专业
21	全国大学生地质技能竞赛	地质等相关专业
22	全国大学生集成电路创新创业大赛	电子等相关专业

(2) 理科类和医学类科技竞赛

理科类科技竞赛与工科类科技竞赛具有相似的特点,均要求学生运用科学思维针对实际问题进行设计和应用,同时也对学科专业知识有统一的考查。医学类科技竞赛旨在加强医学生专业技能操作的规范性及提高医学生专业技能的运用能力,培养高素质医学人才。表 2.8 为理科类和医学类科技竞赛一览表。

表 2.8 理科类和医学类科技竞赛表

序号	竞赛名称	相关专业
1	全国周培源大学生力学竞赛	物理等相关专业
2	全国高等医学院校大学生临床技能竞赛	医学类专业

(3) 文管类和设计类竞赛

文管类竞赛注重提高大学生策划能力、协调组织能力、人际交往能力等,鼓励学生探索有利于中国经济健康发展的新观念、新理论等;设计类竞赛旨在改善人类生活、收集富有创意的设计和技术。表 2.9 为文管类和设计类竞赛一览表。

表 2.9 文管类和设计类竞赛表

序号	竞赛名称	相关专业
1	全国大学生电子商务"创新、创意及创业"挑战赛	工商管理、财务管理、电子商务、经济类、管理工程等相关专业
2	全国大学生物流设计大赛	物流类相关专业
3	中国大学生计算机设计大赛	产品设计、环境设计、视觉传达、数字媒体等相关专业
4	全国大学生市场调查与分析大赛	工商管理、财务管理、电子商务、经济类、管理工程等相关专业

续表 2.9

序号	竞赛名称	相关专业
5	中国大学生服务外包创新创业大赛	工商管理、财务管理、电子商务、经济类、管理工程等相关专业
6	两岸新锐设计竞赛"华灿奖"	产品设计、环境设计、视觉传达、数字媒体等相关专业

（4）无专业限制类科技竞赛

无专业限制类科技竞赛对团队的综合能力要求较高，体现的是全面的学科知识水平、应用实践能力、创新创业思维、团队协调合作能力等。表 2.10 为无专业限制类科技竞赛一览表。

表 2.10 无专业限制类科技竞赛表

序号	竞赛名称	相关专业
1	中国"互联网＋"大学生创新创业大赛	无专业限制
2	"挑战杯"全国大学生课外学术科技作品竞赛	无专业限制
3	"挑战杯"中国大学生创业计划大赛	无专业限制
4	全国大学生节能减排社会实践与科技竞赛	能源、电气、电子信息、自动化、测控、光电、计算机、机电等相关专业
5	外研社全国大学生英语系列赛（英语演讲、英语辩论、英语写作、英语阅读）	无专业限制
6	全国大学生数学建模竞赛	工科、经管类专业

2.2.2 个人和团队参与的竞赛项目

（1）个人参与的竞赛项目

参与此类竞赛的主要意义在于能够加深参赛者自己所学专业领域的认识并且提高参赛者的创新意识；同时，个人赛对个人专业知识、个人综合素质等有较高要求。

举例：全国大学生数学竞赛、全国大学生英语竞赛。

（2）团队参与的竞赛项目

面向单一专业的团队比赛有很强的知识应用导向，有利于培养专业人才，有利于提高参赛者解决实际问题的能力，对提高参赛者的创新能力非常有帮助；面向多个专业的团队比赛有利于培养全面的人才，促进学科交叉的推进，同时对教育方式的改革存在一定的推进作用。大部分此类比赛是应用型、实用型的比赛，在提高参赛者的动手能力和解决实际问题的能力上有非常大的帮助，有助于提高参赛者的团队协作能力，学科的交叉可增加参赛者相关方面的兴趣，可以拓展其知识面，使其能力多元化。无专业限制的此类比赛非常贴合实际生活，而且将工科和文科很好地结合在一起，充分激发了参赛者的创新意识和解决实际问题的能力，且比赛的成果转化率相对很高，充分发挥了参赛者的各项能力，有利于培养全面的实用型人才。

举例：全国大学生电子设计竞赛、全国大学生光电设计竞赛、全国虚拟仪器设计大赛、全国大学生智能车竞赛、全国大学生机器人大赛（亚太大学生机器人大赛）、"挑战杯"全国大学生课外学术科技作品竞赛、"创青春"全国大学生创业大赛（"挑战杯"中国大学生创业计划竞赛）、全国大学生节能减排社会实践与科技竞赛、中国"互联网＋"大学生创新创业大赛。

2.2.3 电类专业学科竞赛统计和分析

表 2.11～表 2.14 为 2016—2019 年电类专业校外学科竞赛情况统计表。

表 2.11　2016 年校外学科竞赛情况统计表

竞赛名称	项目名称	获奖情况（国家级）				获奖情况（省级）			
		一等奖	二等奖	三等奖	其他	一等奖	二等奖	三等奖	其他
				3		1	3	7	
全国大学生电子设计竞赛								3	
第八届"亚龙杯"全国大学生智能建筑工程实践技能竞赛				2					
TI 杯江苏省大学生电子设计竞赛							3		
全国、江苏省大学生计算机设计大赛微课	计算机硬件和数据流		1					1	
	图像传输与处理教学辅助软件系统			1				2	

表 2.12　2017 年校外学科竞赛情况统计表

竞赛名称	项目名称	获奖情况（国家级）				获奖情况（省级）				获奖情况（市级）			
		一等奖	二等奖	三等奖	其他	一等奖	二等奖	三等奖	其他	一等奖	二等奖	三等奖	其他
TI 杯江苏省大学生电子设计竞赛	滚球控制系统					3	3						
"蓝桥杯"全国软件和信息技术专业人才设计与创业大赛	电子类	1		2		2	5	21					
	软件类			2			1	1	3				
第九届"亚龙杯"全国大学生智能建筑工程实践技能竞赛	技能团体		2										
	电气设计单项			1									
江苏省第十四届大学生物理及实验科技作品创新竞赛	基于虚拟仪器的检测系统在锂电池及光学仪器表面缺陷中的应用						1						
	锂电池薄膜测厚原理及数据分析							2					

续表 2.12

竞赛名称	项目名称	获奖情况（国家级）				获奖情况（省级）				获奖情况（市级）			
		一等奖	二等奖	三等奖	其他	一等奖	二等奖	三等奖	其他	一等奖	二等奖	三等奖	其他
全国三维数字化创新设计大赛江苏赛区	虚拟检测实验室							2					
2017第八届亚洲机器人锦标赛中国选拔赛	CHR机器人搬运创新挑战赛	4		4									
第八届江苏省大学生机器人大赛	双足竞步						3						
	体操							7					
中国工程机器人大赛	体操	3	3										
中俄学生视频大赛	With the wings of scientific research											5	

表 2.13　2018 年校外学科竞赛情况统计表

竞赛名称	项目名称	获奖情况（国家级）				获奖情况（省级）			
		一等奖	二等奖	三等奖	其他	一等奖	二等奖	三等奖	其他
TI杯江苏省大学生电子设计竞赛						3	9		
第二届全国大学生FPGA创新设计邀请赛	基于多点集群压力传感器的分布式压力测量系统设计与研发							3	
"蓝桥杯"全国软件和信息技术专业人才大赛	电子类	1	2	7	2	10	19	56	
	软件类						2	4	
	用户体验设计赛					1			
第十届"亚龙杯"全国大学生智能建筑工程实践技能竞赛	团体赛	2							
	电气设计单项	1		1					
2018中国工程机器人大赛	双足竞步项目体操赛	3	3						
	双足竞步项目交叉足赛			3	3				

续表2.13

竞赛名称	项目名称	获奖情况（国家级）				获奖情况（省级）			
		一等奖	二等奖	三等奖	其他	一等奖	二等奖	三等奖	其他
第七届江苏省大学生机械创新设计大赛	货架式双排双层停车装置						3		
	一种适用于小区的上层停车装置							3	
	一种环形的自动存取汽车的二层停车装置							1	
全国大学生英语竞赛			1						
江苏第十五届高等数学竞赛						17	17	24	
第十一届全国三维数字化创新设计大赛	模拟无人机的柔性光伏板温室大棚热斑检测平台及其自动清洗装置						3		
第四届全国大学生智能农业装备创新大赛	柔性光伏温室大棚热斑检测及清洗装置				4				
第十三届全国大学生"恩智浦"杯智能汽车竞赛	"四轮"二等奖		3						
	"二轮"三等奖			3					
	"三轮"三等奖			3					
江苏省高校第十五届大学生物理及实验科技作品创新竞赛	货架式双排双层智能停车装置及控制实现						2		
	柔性光伏温室大棚热斑检测及清洗装置								
	无线接收去噪扩音器							1	
	电磁感应法电流测量和显示							1	
江苏省虚拟仪器比赛	柔性光伏温室大棚热斑检测及清洗装置					1			
	货架式双排双层停车装置						1		

表2.14 2019年校外学科竞赛情况统计表

竞赛名称	项目名称	获奖情况（国家级）					获奖情况（省级）				
		特等奖	一等奖	二等奖	三等奖	其他	特等奖	一等奖	二等奖	三等奖	其他
大学生电子设计大赛	纸张计数显示装置							√	√		
	简易电路特性测试仪								√		
	电动小车动态无线充电系统								√		
第十届"蓝桥杯"全国软件和信息技术专业人才江苏赛区	单片机设计与开发								√	√	
第十六届"挑战杯"全国大学生课外学术科技作品竞赛江苏省选拔赛	锂电池极片激光微位移在线检测装置及其教学平台								√		
江苏省第五届"互联网+"大学生创新创业大赛	沐光新农：生态科技筑梦乡村振兴									√	

续表 2.14

竞赛名称	项目名称	获奖情况（国家级）					获奖情况（省级）				
		特等奖	一等奖	二等奖	三等奖	其他	特等奖	一等奖	二等奖	三等奖	其他
长三角地区应用型本科高校联盟"互联网+"大学生创新创业大赛	沐光新农：生态科技筑梦乡村振兴							√			
"创青春"江苏青年创新创业大赛	沐光新农：生态科技筑梦乡村振兴								√		
第九届全国大学生电子商务三创大赛	沐光新农：柔性光伏温室大棚及其清洗装置									√	
常州市创新创业大赛	沐光新农：柔性光伏温室大棚及其清洗装置										
全国大学生电子设计竞赛	纸张计数显示装置								√		
全国3D大赛	沐光新农——柔性光伏温室大棚筑梦乡村振兴						√				
	智能视觉工业机器人分拣装配流水线货物系统								√		
	水系江南——售楼处设计									√	
	沐光新农——柔性光伏温室大棚筑梦乡村振兴			√							

2019年上半年学校竞赛的资助以全国高等院校排名的竞赛项目为依据（表2.4）分配到有竞赛获奖可能性的教师名下（全校资助名额有限，为20项左右，见表2.15），即影响全国高校排名的竞赛有哪些，学校就资助这些竞赛。全国几百所院校都会关注自己的排名，自然也会像常州工学院一样资助这些竞赛项目，因此获奖的难度可想而知。一些实物类的比赛，前期投入大，比如材料费、加工费就是主要支出，还有初赛入围进决赛的后期的海报费、注册费、车旅费、住宿费和餐费，仅靠前期大学生创新项目的资助比较困难，再加上现在的比赛光有实物还不行，不能证明作品的创新性有多强，还需要前期的查新报告，撰写专利和论文，甚至要去实地企业去调研等，会产生各种费用。笔者曾经做过预算，参加一个实物类比赛项目并获得省级奖项光投入费用就达3 000～4 000元。如果指导教师前期通过学校竞赛资助或许还有一些经费，但是获得资助的教师毕竟是少数。

2019年下半年学校创新创业学院颁布了《常州工学院创新创业竞赛组织管理办法》，其中对各类竞赛进行了归类和说明（见表2.16～表2.18）。这些赛事分Ⅰ级、Ⅱ级和Ⅲ级项目，其中Ⅰ级、Ⅱ级项目学校一般都有资助，Ⅲ级项目资助幅度较小或没有资助。建议学生如果愿意参加Ⅲ级竞赛，可以自行付费参加。

建议电类专业学生和教师多参与投入较少且获奖率较高的竞赛，从近几年的比赛结果来看全国三维数字化创新设计大赛和全国大学生计算机设计大赛作品获奖率高，前期投入少，一般不需要制作实物；江苏省高校大学生物理及实验科技创新竞赛需要一定的实物制作费用或论文发表费用，但是获奖率较高。全国大学生电子设计竞赛、"挑战杯"全国大学生课外学术科技作品竞赛、全国大学生节能减排社会实践与科技竞赛等赛事获奖概率低但近几年有获奖案例，全国大学生交通科技大赛等赛事未有获奖。此外，"蓝桥杯"全国软件和信息技术专业人才设计与创业大赛(单片机设计与开发),省赛获奖概率高达60%,是最理想的电类专业获奖比赛类型。

需要注意的是,学校每年会根据中国高等教育学会(http://www.hie.edu)和江苏省高等教育网(http://www.jsgjxh.cn/)公布的信息更新Ⅰ级、Ⅱ级和Ⅲ级赛事的名单,项目调整数目一般不大,大家可以尽可能地询问教师、双创学院或者到相关网站查询。

表 2.15 2019 年常州工学院学科竞赛资助赛事

序号	竞赛名称	承办学院
1	全国三维数字化创新设计大赛	航空与机械工程学院
2	全国大学生智能汽车竞赛	汽车工程学院
3	全国大学生电子设计竞赛	电气信息工程学院
4	全国大学生交通科技大赛	电气信息工程学院
5	全国大学生节能减排社会实践与科技竞赛	光电工程学院
6	中国大学生服务外包创新创业大赛	计算机信息工程学院
7	中国大学生计算机设计大赛	计算机信息工程学院
8	全国大学生机器人大赛 RoboMaster	计算机信息工程学院
9	中国高校计算机大赛——大数据挑战赛	计算机信息工程学院
10	全国三维数字化创新设计大赛	土木建筑工程学院
11	全国大学生数学建模竞赛	理学院
12	全国大学生市场调查与分析大赛	经济与管理学院
13	全国大学生电子商务"创新、创意及创业"挑战赛	经济与管理学院
14	"外研社杯"全国英语演讲大赛	外国语学院
15	"挑战杯"全国大学生课外学术科技作品竞赛	人文学院
16	"长江钢琴"全国高校钢琴大赛	师范学院
17	全国大学生广告艺术大赛	艺术与设计学院
18	全国三维数字化创新设计大赛	艺术与设计学院
19	两岸新锐设计竞赛"华灿奖"	艺术与设计学院
20	全国三维数字化创新设计大赛	创新创业学院
21	临时性赛事	创新创业学院

表 2.16 2019 年常州工学院大学生创新创业竞赛Ⅰ级项目

序号	竞赛名称	主办单位	影响规模	竞赛奖励级别
1	中国"互联网+"大学生创新创业大赛	教育部、中央网络安全和信息化委员会办公室、国家发展和改革委员会、工业和信息化部、人力资源和社会保障部、国家知识产权局、中国科学院、中国工程院、承办高校所在地省政府	①国家部委;②一年一届,2015年首届,涵盖全国各个高校,是全国规模最大的大学生创新创业赛事。2018年参赛高校2 278所,参赛项目64万个,参加学生265万人	Ⅰ级A等
2	"创青春"全国大学生创业大赛	共青团中央、中国科协、教育部、人社部、全国学联、承办学校所在地省政府	①国家部委;②两年一届,1998年首届,近400所高校参与。2018年全国2 200余所高校参加,15万余件参赛作品	Ⅰ级A等

续表 2.16

序号	竞赛名称	主办单位	影响规模	竞赛奖励级别
3	"挑战杯"全国大学生课外学术科技作品竞赛	共青团中央、中国科协、教育部、全国学联、承办学校所在地省政府	①国家部委；②两年一届，1989年首届，1000多所高校参与。全国最具代表性、权威性、示范性、导向性的大学生竞赛。2017年全国2 000多所高校200多万名大学生参赛	Ⅰ级A等
4	全国大学生数学建模竞赛	教育部高等教育司、中国工业与应用数学学会	①国家部委司局；②一年一届，1992年首届。2018年海内外1 449所院校42 128支队伍超过12万名学生参赛。全国高校规模最大的基础性学科竞赛	Ⅰ级B等
5	全国大学生电子设计竞赛	教育部高等教育司、工信部人教司	①国家部委司局；②两年一届，1997年首届。2017年1 066所院校14 406支队伍43 218名学生参赛	Ⅰ级B等
6	ACM-ICPC国际大学生程序设计竞赛	国际计算机学会	①旨在展示大学生创新能力、团队精神和在压力下编写程序、分析和解决问题能力的年度竞赛；②经过近40年的发展，成为全球最具影响力的大学生程序设计竞赛，是大学级别最高的脑力竞赛，素来被冠以"程序设计的奥林匹克"	Ⅰ级B等
7	全国大学生智能汽车竞赛	教育部高等学校自动化类专业教学指导委员会	①教育部高教司委托主办；②教育部、财政部通过"质量工程"资助的全国大学生竞赛项目之一；③一年一届，2006年首届，2018年500多所高校2 700多支队伍参赛	Ⅰ级C等
8	全国三维数字化创新设计大赛（大学生组）	国家制造业信息化培训中心、全国三维数字化技术推广服务与教育培训联盟、中国图学学会、光华设计发展基金会	①一年一届，连续举办12届，参赛高校每届超600所，企业超1 000家，参赛人数累计突破700万，省赛获奖选手累计超过15万，国赛获奖选手累计超1.35万；②被业界称为"创客嘉年华""3D奥林匹克""创新设计奥斯卡"	Ⅰ级C等
9	全国大学生广告艺术大赛	教育部高等学校新闻传播学类专业教学指导委员会、中国高等教育学会广告教育专业委员会	①教育部、财政部通过"质量工程"资助的大学生竞赛项目之一；②两年一届，2013年起改为一年一届，2005年首届，2018年参赛高校1 449所，收到作品251 656件	Ⅰ级C等
10	"外研社杯"大学生英语挑战赛（Uchallenge）	外语教学与研究出版社、北京外研在线教育科技有限公司和教育部高等学校大学外语教学指导委员会、教育部高等学校英语专业教学指导分委员会、中国外语教育研究中心	"'外研社杯'全国英语演讲大赛""'外研社杯'全国英语写作大赛"和"'外研社杯'全国英语阅读大赛"三大赛事统称"大学生英语挑战赛"（Uchallenge），2002年首届，2015年三赛合一	Ⅰ级C等
11	中国大学生服务外包创新创业大赛	教育部、商务部、无锡市人民政府	①每年一届，连续举办10届，累计吸引海内外1 200余所高校近10万名学生参赛，累计为服务外包产业输送5万多名人才；②我国服务外包领域唯一国家级竞赛，成功入选"中国服务外包行业十大事件"	Ⅰ级C等
12	全国大学生电子商务"创新、创意、创业"挑战赛	教育部高等学校电子商务类专业教学指导委员会	①每年一届，连续举办10届，参赛团队从第一届的1 500多支到2018年的3万多支；②得到教育部、商务部、共青团中央、地方政府的冠名赞助，为参赛学生的成果转化提供支持	Ⅰ级C等

续表 2.16

序号	竞赛名称	主办单位	影响规模	竞赛奖励级别
13	全国大学生工程训练综合能力竞赛	教育部高等教育司	①教育部高教司发文举办的全国性大学生科技创新实践竞赛活动；②教育部、财政部通过"质量工程"资助的全国大学生竞赛项目之一；③两年一届，2009年首届，2017年336所学校1 271支队伍参赛	Ⅰ级C等
14	全国大学生机器人大赛 RoboMaster	共青团中央、中华全国学生联合会、深圳市人民政府	①每年吸引全球200余所高校7 000多名学生参加；②赛事官方微信阅读量超过100万，微博阅读量2 500多万，视频播放量415万；③近期成功孵化12家创业公司	Ⅰ级C等
15	全国大学生结构设计大赛	中国高等教育学会工程教育专业委员会、高等学校土木工程学科专业指导委员会、中国土木工程学会教育工作委员会、教育部科学技术委员会环境与土木水利学部	①每年一届，连续举办12届，目前有650所高校4 000多名学生参赛；②以各省赛区和全国竞赛方式进行，由各承办高校汇编作品集，秘书处设在浙江大学	Ⅰ级C等
16	全国大学生节能减排社会实践与科技竞赛	教育部高等教育司	①国家部委司局；②教育部、财政部通过"质量工程"资助的全国大学生竞赛项目之一；③每年一届，2008年首届，2018年有418所高校参与，收到3 881件作品，人数超过20 000	Ⅰ级C等
17	全国大学生交通科技大赛	教育部高等学校交通运输与工程学科教学指导委员会	①国内第一个由诸多在交通运输工程领域拥有优势地位的高校通力合作促成的大学生学科竞赛；②目前已举办14届	Ⅰ级C等
18	全国大学生化工设计竞赛	中国化工学会、中国化工教育协会、教育部高等学校化学工程与工艺教学指导分委员会	①中石化毕业生招聘免初试指定条件竞赛；②每年一届，2007年首届。国内化工类级别最高、参赛队伍最多、影响最大的比赛。2016年265所高校1 772支队伍5 000名学生参赛	Ⅰ级C等
19	"长江钢琴"全国高校钢琴大赛	中国高等教育学会	①全国性钢琴赛事，成为集权威性、专业性、影响力、广泛性于一体的特色鲜明、深入人心的国内钢琴品牌赛事；②分专业公开组、专业教师组、高校学生组、高校业余组、四手联弹及双钢琴组5个组别	Ⅰ级C等
20	"西门子杯"中国智能制造挑战赛	教育部高等学校自动化类专业教学指导委员会、西门子(中国)有限公司和中国仿真学会	①自2006年以来，已经成功举办12届。在各级政府、制造业企业和全国近600所高校支持下，大赛已成为中国智能制造领域规模最大、规格最高的国家竞赛；②安徽省、北京市、重庆市、甘肃省、广东省、河北省、湖北省、宁夏回族自治区、山东省、山西省、上海市、辽宁省、江苏省等全国多个省、市、自治区教育厅(教委)对大赛给予了充分支持；③2016年纳入中德政府间青少年交流年活动，一带一路暨金砖国家技能发展与技术创新大赛核心赛事	Ⅰ级C等

续表 2.16

序号	竞赛名称	主办单位	影响规模	竞赛奖励级别
21	全国大学生机械创新设计大赛	全国大学生机械创新设计大赛组委会、教育部高等学校机械基础课程教学指导委员会	①教育部高教司发文举办的全国大学生竞赛项目;②教育部、财政部通过"质量工程"资助的全国大学生竞赛项目之一;③两年一届,2004年首届,2018年全国703所高校共5 276件作品参赛	Ⅰ级C等
22	全国大学生物流设计大赛	教育部高等学校物流管理与工程类专业教学指导委员会、中国物流与采购联合会	①国内物流领域最具专业性、权威性、实用性大学生赛事,每届比赛吸引近400多所本科高校近4万名师生参加;②大赛是企业选拔人才、校企合作的重要平台,每届比赛均有竞赛成果直接转化成企业应用项目	Ⅰ级C等
23	全国大学生先进成图技术与产品信息建模创新大赛	教育部高等学校工程图学教学指导委员会、中国图学学会制图技术专业委员会、中国图学学会产品信息建模专业委员会	①竞赛已举办11届,分为机械类、道桥类、水利类、土木与建筑类共四个类别,每年包括上海交通大学、重庆大学等几百所高校参赛,参赛学生有20多万,被誉为"图学界的奥林匹克";②大赛围绕新工科建设科目,工程专业认证	Ⅰ级C等
24	中国大学生计算机设计大赛	教育部大学计算机课程教学指导委员会、中国大学生计算机设计大赛组织委员会	①2008年首届,每届参赛指南由出版社正式出版;②全国过半的本科院校参加,部分作品被CCTV采用,被商品化	Ⅰ级C等
25	全国大学生市场调查与分析大赛	教育部高等学校统计学类专业教学指导委员会、中国商业统计学会、(台湾)中华应用统计学会	①面向海峡两岸高校大学生的一项公益性专业赛事;②2010年以来,举办8届,985高校和近50%的211学校报名参赛,累计参赛高校近1 500所次,参赛人数达14万;③大赛设置知识赛和实践赛两个竞赛环节	Ⅰ级C等
26	两岸新锐设计竞赛"华灿奖"	中国高等教育学会、中华中山文化交流协会、北京歌华文化发展集团	①面向45周岁以下的青年设计师和高校师生的综合设计赛事;②国台办的重点交流项目,分视觉传达设计、工艺美术、产品设计、数字多媒体设计、工业设计等组别;③注重设计成果转化,已有20多项签订转化协议	Ⅰ级C等
27	中国高校计算机大赛——大数据挑战赛	教育部高等学校计算机类专业教学指导委员会、教育部高等学校软件工程专业教学指导委员会、教育部大学计算机课程教学指导委员会、全国高等学校计算机教育研究会	大赛面向全球高校在校生开放,旨在提升对数据分析与处理的算法研究与技术应用能力,尝试创新大数据技术,推动大数据的产、学、研、用	Ⅰ级C等
28	全国大学生创新创业训练计划年会展示	教育部高等教育司	①2008年起,成功举办11届,是目前国内同领域竞赛中影响力最大的交流项目;②2018年有1 029所高校启动39 575个国家级大创项目,参与学生达到165 209名	Ⅰ级C等

表 2.17　2019 年常州工学院大学生创新创业竞赛Ⅱ级项目

序号	竞赛名称	主办单位	竞赛类别	影响规模
1	中国 MEMS 传感器应用大赛	全球华人微纳米分子系统学会主办、北京大学承办	学科竞赛	面向大学生创新的年度科技竞赛,始于 2007 年,秉承"传递 iCAN 理念、激发创新热情、点燃创业梦想"精神,倡导科技创新创业服务社会、改善人类生活,促进和加强物联网等高科技领域的产学研结合,推动物联网相关高科技产业的发展,为高科技创新创业搭建交流平台
2	全国大学生体育比赛	教育部、国家体育总局、国家民族宗教事务委员会、中国大学生体育协会及其单项分会	体育竞赛	全国大学生体育竞赛是全国范围内的综合性或单项体育竞赛,代表着全国大学生体育竞技最高水准。中国大学生体育协会隶属教育部主管,是经国家民政部审核批准并具有法人资格的国家级体育社团。全国大学生运动会每四年一次,其他单项体育竞赛一般每年一次
3	"学创杯"全国大学生创业综合模拟大赛	高等学校国家级实验教学示范中心联席会经管学科组	学科竞赛	①教育部高教司下属机构;②一年一届,2014 年首届,2015 年全国 292 所院校的近 800 余个团队参赛
4	全国大学生金相技能大赛	教育部高等学校材料类专业教学指导委员会	学科竞赛	①教学指导委员会;②一年一届,2012 年首届,2016 年全国 133 所高校 14 000 名学生参赛
5	全国周培源大学生力学竞赛	受教育部高等教育司委托,由中国力学学会和周培源基金会共同主办	学科竞赛	全国周培源大学生力学竞赛始于 20 世纪 80 年代,是受教育部高等教育司委托,由中国力学学会和周培源基金会共同主办的大学生科技活动,每两年举办一次,报名人数逾万
6	"中国软件杯"大学生软件设计大赛	工业和信息化部、教育部、江苏省人民政府	学科竞赛	工业和信息化部、教育部和江苏省人民政府共同创办的面向中国高校在校学生(含高职)的纯公益性软件设计大赛。大赛覆盖规模越来越大,几乎所有的 985 和 211 院校都参与
7	中国大学生方程式大赛	中国汽车工程学会、BITAUTO(易车)	学科竞赛	在学习和总结美、日、德等国家相关经验的基础上,结合中国国情,精心打造的一项全新赛事。目的是培养学生的设计制造能力、成本控制能力和团队沟通协作能力,使学生能够尽快适应企业需求
8	全国大学生手球锦标赛	全国大学生体育协会	体育竞赛	①全国性大学生手球赛事,参赛院校覆盖港、澳、台等,根据大学生竞技水平设置高水平组与普通组,参赛院校达 40 所,100 支队伍参赛;②到 2018 年已举行 32 届;③学校特色体育竞赛
9	大学生艺术展演活动	教育部体育卫生与艺术教育司	艺术展演	①教育部每三年举办一届;②宗旨是全面贯彻党的教育方针,落实立德树人根本任务,发展素质教育,推进教育公平,培养德、智、体、美、劳全面发展的社会主义建设者和接班人

表 2.18　2019 年常州工学院大学生创新创业竞赛Ⅲ级项目

序号	竞赛名称	主办单位
1	全国大学生智能设备创新大赛	意法半导体、ARM
2	全国大学生 FPGA 创新设计邀请赛	教育部电子信息类专业教学指导委员会
3	全国大学生智能农业装备创新大赛	中国农业机械学会
4	"亚龙杯"全国大学生智能建筑工程实践技能竞赛	高等学校建筑电气与智能化学科专业指导委员会
5	"蓝桥杯"全国软件和信息技术专业人才大赛	工业和信息化部人才交流中心、教育部全国高等学校学生信息咨询与就业指导中心

续表 2.18

序号	竞赛名称	主办单位
6	全国虚拟仪器大赛	中国仪器仪表学会
7	"北斗杯"全国青少年科技创新大赛	教育部科学技术司
8	中国工程机器人大赛	教育部高等学校创新方法教学指导委员会
9	江苏省大学生机器人大赛	江苏省自动化协会
10	ROBOCUP 机器人世界杯中国赛	中国自动化学会
11	全国大学生大数据技能竞赛	中国大数据技术与应用联盟
12	全国大学生可持续建筑设计竞赛	全国高等学校建筑学学科专业指导委员会
13	江苏省土木工程结构模型创新大赛	中国土木工程学会江苏省教育分会
14	全国大学生混凝土材料设计大赛	中国混凝土与水泥制品协会
15	全国高校城市地下空间工程专业大学生模型设计竞赛	中国岩石力学与工程学会
16	全国中高等院校 BIM 电子招投标大赛	中国土木工程学会建筑市场与招投标研究分会
17	江苏省大学生工程管理创新创业大赛	江苏省土木建筑学会
18	全国大学生新道杯模拟经营大赛	中国高等教育学会高等财经教育分会
19	"创新创业杯"全国管理决策模拟大赛	教育部高等学校工商管理类专业教学指导委员会
20	全国逆向物流设计大赛	上海市物流协会
21	全国应用型本科会计技能大赛	中国高等教育学会高等财经教育分会
22	江苏省大学生"国联证券杯"理财高手大赛	共青团江苏省委
23	全国证券投资与模拟大赛	中国量化投资学会
24	全国大学生物流仿真设计大赛	中国物流生产力促进中心
25	POCIB 全国外贸从业能力大赛	中国国际贸易协会
26	共青团中央"东方财富杯"全国大学生金融精英挑战赛	共青团中央学校部
27	全国工商企业管理技能模拟大赛	中国管理现代化研究会
28	全国高等院校企业竞争模拟大赛	中国管理现代化研究会
29	江苏省大学生知识产权知识竞赛	江苏省知识产权局、江苏省教育厅
30	常州市大学生创业设计与企业经营管理沙盘大赛	常州市教育局
31	全国大学生统计建模比赛	教育部高等学校统计类专业教学指导委员会,中国统计学会
32	新北区北斗星社会创业大赛	常州市人社局
33	IMA 校园管理会计案例大赛	美国管理会计师协会中国教育分会
34	全国大学生数学竞赛	中国数学学会
35	江苏省五一数学建模竞赛	江苏工业与应用数学学会
36	江苏省物理与实验科技作品创新竞赛	江苏省物理学会
37	江苏省普通高等学校高等数学竞赛	江苏省数学学会
38	江苏省大学生化学化工实验竞赛	江苏省化学化工学会
39	全国大学生化工实验大赛	中国化工教育协会

续表 2.18

序号	竞赛名称	主办单位
40	全国大学生化学创新实验设计竞赛	教育部全国高校化学教学指导委员会、全国化学实验教学示范中心联席会
41	江苏省化工设计大赛	江苏省高校化工教学指导委员会、江苏省化工教育协会
42	高校化学化工联盟大学生实验竞赛	江苏省教育厅高校实验室研究委员会、江苏省高校化学化工实验教学示范中心联席会
43	全国大学生英语竞赛	高等学校大学外语教学指导委员会
44	"LSCAT 杯"江苏省笔译口译大赛	中国翻译协会
45	"九外杯"江苏省高校日语演讲比赛	中国日语教学研究会江苏分会
46	"卡西欧"江苏省高校日语配音大赛	中国日语教学研究会江苏分会
47	全国国际贸易职业能力竞赛	中国对外贸易经济合作企业协会
48	"亿学杯"全国商务英语实践技能大赛	中国国际贸易学会、国际商务英语研究委员会
49	"外研社杯"常州市大学生外语演讲比赛	常州市教育局、共青团常州市委
50	全国商务秘书职业技能竞赛	中国对外贸易经济合作企业协会
51	江苏省师范生教学基本功大赛	江苏省教育厅
52	江苏省优秀幼儿教育论文及幼儿园教育教学案例评选	江苏省学前教育学会
53	全国小学教育专业学生技能大赛	高等学校小学教师培养教学指导委员会
54	全国工业设计大赛	工业设计学会
55	江苏省室内装饰设计大奖赛	江苏省人力资源和社会保障厅
56	领航杯·江苏省大学生数字媒体作品竞赛	江苏省教育管理信息中心
57	"融通并茂"江苏省高校设计作品展	江苏省教育厅
58	中国设计红星原创奖	中国工业设计协会
59	IF 设计奖	汉诺威工业设计论坛
60	Red Dot Award(红点奖)	德国红点设计大赛组委会
61	中国人居环境设计学年奖	清华大学、教育部高等学校设计学类专业教学指导委员会
62	"园冶杯"大学生国际竞赛	"园冶杯"国际竞赛组委会
63	"新人杯"全国大学生室内设计竞赛	"新人杯"全国大学生室内设计竞赛组委会
64	中国手绘艺术设计大赛	中国手绘艺术设计大赛组委会
65	全国高校数字艺术设计大赛	工业和信息化部人才交流中心、联合国训练研究所上海国际培训中心
66	江苏省高校美术作品展	江苏省教育厅
67	国家级、省级、市级各部门举办的各类绘画展览	中国美协、教育、文化部门,省美协、教育、文化部门,市美协、教育、文化部门
68	江苏省大学生各项体育竞赛	江苏省学生体协高校工作委员会
69	常州市大学生各项体育竞赛	常州市政府、常州市体育局、常州市大学生体育协会
70	中国大学生广告艺术节学院奖	中国广告协会
71	长三角地区应用型本科高校联盟大学生创新创业大赛	长三角地区应用型本科高校联盟
72	常州市大学生创业大赛	常州市人社局

续表 2.18

序号	竞赛名称	主办单位
73	常州市创新创业大赛	常州市科学技术局
74	常州市高等教育与职业教育创新创业大赛	常州市教育局
75	江苏省大学生知识竞赛(文科组)	江苏省高等教育学会
76	江苏省大学生知识竞赛(理工科组)	江苏省高等教育学会
77	全国大学生数学建模大赛	中国统计学会
78	"创青春"中国青年创新创业大赛	共青团中央青年发展部

2.3 专利申报

2.3.1 专利的基本概念

1) 基本概念

专利是受法律保护的发明创造,是指一项发明创造向国家审批机关提出专利申请,经依法审查合格后向专利申请人授予的在规定的时间内对该项发明创造享有的专有权。专利权是一种专有权,这种权利具有独占的排他性。非专利权人要想使用他人的专利技术,必须依法征得专利权人的同意或许可。

2) 专利种类

依照《中华人民共和国专利法》,专利分为发明专利、实用新型专利和外观设计专利三种。

(1) 发明专利。发明是指对产品、方法或者其改进所提出的新的技术方案,主要体现新颖性、创造性和实用性。取得专利的发明又分为产品发明(如机器、仪器设备、用具)和方法发明(制造方法)两大类。产品发明是指工业上能够制造的各种新制品,包括有一定形状和结构的固体、液体、气体之类的物品。方法发明是指对原料进行加工,制成各种产品的方法。发明专利并不要求是经过实践证明可以直接应用于工业生产的技术成果,可以是一项解决技术问题的方案或是一种构思,具有在工业上应用的可能性。但如果仅仅是一种不具备工业上应用的可能性的想法,是不能授予专利权的。

(2) 实用新型专利。实用新型是指对产品的形状、构造或者其结合所提出的适于实用的新的技术方案。同发明一样,实用新型保护的也是一个技术方案。但实用新型专利保护的范围较窄,它只保护有一定形状或结构的新产品,不保护方法以及没有固定形状的物质。实用新型的技术方案更注重实用性,其技术水平较发明而言要低一些。

(3) 外观设计专利。外观设计是指对产品的整体或者局部的形状、图案或其结合以及色彩与形状、图案的结合所做出的富有美感并适于工业应用的新设计。

外观设计与发明、实用新型有着明显的区别,外观设计注重的是设计人对一项产品的外观所做出的富于艺术性、具有美感的创造,但这种具有艺术性的创造,不是单纯的工艺品,它必须具有能够为产业上所应用的实用性。外观设计专利实质上是保护美术创新,而发明专利和实用新型专利保护的是技术创新。虽然外观设计和实用新型与产品的形状有关,但两者的目的不相同,前者的目的在于使产品形状产生美感,而后者的目的在于使具有形态的产品能够解决某一技术问题。

3) 发明专利和实用新型专利的三性

发明专利和实用新型专利应当具备新颖性、创造性和实用性。

(1) 新颖性,是指该发明或者实用新型不属于现有技术,也没有任何单位或者个人就同样的发明或者实用新型在申请日以前向国务院专利行政部门提出过申请,并记载在申请日以后公布的专利申请文件或者公告的专利文件中。现有技术,是指申请日以前在国内外为公众所知的技术。

申请专利的发明创造在申请日以前六个月内,有下列情形之一的,不丧失新颖性:在中国政府主办或者承认的国际展览会上首次展出的;在规定的学术会议或者技术会议上首次发表的;他人未经申请人同意而泄露其内容的。

(2) 创造性,是指与现有技术相比,该发明具有突出的实质性特点和显著的进步,该实用新型具有实质性特点和进步。

(3) 实用性,是指该发明或者实用新型能够制造或者使用,并且能够产生积极效果。

4) 专利申请号

专利申请号是指国家知识产权局受理一件专利申请时给予该专利申请的一个标识号码,包括:申请年号、申请种类号、申请流水号、一个小数点及校验码等五个部分。按照由左向右的次序,专利申请号中的第1~4位数字表示受理专利申请的年号,第5位数字表示专利申请的种类,第6~12位数字(共7位)为申请流水号,表示受理专利申请的相对顺序。小数点后面一位数是计算机的校验码,它可以是0~9的任一数字和字符X,共11种符号。专利申请号中使用的每一位阿拉伯数字均为十进制。例如:201630189152.0。专利申请号中的年号,采用公元纪年,2016表示专利申请的受理年份为公元2016年。

专利申请号中的申请种类号用1位数字表示,所使用数字的含义规定如下:"1"表示发明专利申请;"2"表示实用新型专利申请;"3"表示外观设计专利申请;"8"表示进入中国国家阶段的PCT发明专利申请;"9"表示进入中国国家阶段的PCT实用新型专利申请。上述申请种类号中未包含的其他阿拉伯数字在作为种类号使用时的含义由国家知识产权局另行规定。

专利申请号中的申请流水号用7位连续数字表示,一般按照升序使用。例如:从0000001开始,顺序递增,直至999999,每一自然年度的专利申请号中的申请流水号重新编排,即从每年1月1日起,新发放的专利申请号中的申请流水号不延续上一年度所使用的申请流水号,而是从0000001重新开始编排。

5) 专利号

专利申请人获得专利权后,国家知识产权局颁发的专利证书上专利号为:Z(专利的首字母)+申请号,例如:Z201630189152.0。

6) 申请日

国务院专利行政部门收到专利申请文件之日为申请日。邮寄文件时一定要注意将邮戳盖清晰。专利以文件提交日为专利申请日;寄给专利行政部门的各种文件,以寄出的邮戳日为递交日;邮戳日不清晰的,除当事人能够提出证明外,以国务院专利行政部门收到日为递交日。

申请日在法律上具有十分重要的意义:它确定了提交申请时间的先后,按照先申请原则,在有相同内容的多个申请时,申请的先后决定了专利权授予谁。申请日是计算申请专利的发明创造不丧失新颖性的六个月时间的起算点,它确定了对现有技术的检索时间界限,这在审查中对决定申请是否具有专利性关系重大。

申请日是审查程序中一系列重要期限的起算日。发明专利权的期限为20年,实用新型专利权和外观设计专利权的期限为10年,均自申请日起计算。如果获得了专利权,专利权的保护期限也从申请日起算。申请日也作为判断是否构成侵权的时间节点。如果在申请日之前即已经制造相同产品、使用相同方法或者已经做好制造、使用的必要准备,并且仅在原有范围内继续制造、使用的,不构成侵犯专利权。

7) 申请人、发明人或设计人

申请人可以为单位,也可以为自然人,一般情况下,发明人、设计人与专利申请人为同一人。

发明人或设计人,依照企业要求完成本职工作后或者利用企业的资源(设备、资金)完成的发明、实用新型、外观设计,属于职务发明和设计,申请人为该企业,其他约定除外。

发明人或设计人,利用自身资源(设备、资金)完成的发明、实用新型、外观设计,申请人属于个人,该设计人可自愿地将申请人的权利赋予别人或其他企业所有,其他约定除外。

申请人(个人)与发明人或设计人可以为不同的人。《中华人民共和国专利法》所称发明人或设计人,是指对发明创造的实质性特点做出创造性贡献的人,应当是自然人,不能是单位或者集体,例如"×××项目组"等。如果是数人共同做出的,应当将所有人的名字都写上。

8) 专利代理机构和专利代理人

专利文件的撰写和专利方面的法规,有很强的科学规范,需认真地研究和学习。因此,需要委托专利代理机构和专利代理人,以提高申请的成功率,获得合理的专利权保护范围。专利代理机构是经省专利管理局审核,国家知识产权局批准设立,可以接受委托人的委托,在委托权限范围内以委托人的名义办理专利申请或其他专利事务的服务机构。目前我国已有专利代理机构870多家,包括涉外代理机构。

专利代理人是指获得专利代理人资格证书,持有专利代理人执业证并在专利代理机构专职从事专利代理工作的人员。可以提供以下帮助:①为申请专利提供咨询;②代理撰写专利申请文件、申请专利以及办理审批程序中的各种手续以及批准后的事务;③代理专利申请的复审、专利权的撤销或者无效宣告中的各项事务,或为上述程序提供咨询;④办理专利技术转让的有关事宜,或为其提供咨询;⑤其他有关专利事务。

2.3.2 获得专利权的优点

(1) 专利作为一种无形资产,具有巨大的商业价值,是提升企业竞争力的重要手段。

(2) 个人将创新成果申请专利,是对自己知识产权的保护。在专利转化后可以获得一定的经济利益。

(3) 专利的质量与数量是企业创新能力和核心竞争能力的体现,是企业在该行业身份及地位的象征。

(4) 企业通过应用专利制度可以获得长期的利益回报。

(5) 企业拥有一定数量的专利是申报高新技术企业、创新基金等各类科技计划、项目的必要前提条件。

(6) 作为学校学生评定奖学金及考研复试、就业面试高分值加分项。

(7) 作为学校学生参加与专利内容相关的科技竞赛的加分项。

2.3.3 专利的撰写过程

专利申请是获得专利权的必需程序。专利权的获得,要由申请人向国家专利机关提出申请,经国家专利机关批准并颁发证书。申请人在向国家专利机关提出专利申请时,应提交一系列的申请文件,包括:权利请求书、说明书、说明书摘要、说明书附图和摘要附图等。

专利申请书的撰写有很强的规范性,要求表达精准,不能有歧义。国家知识产权局给出了撰写专利申请文件的基本要求以及示例。但针对某个具体的专利申请,并没有很清楚地给出撰写指南。申请者不容易准确地撰写申请文件,导致多次补正,既费事又影响申请进度,甚至不能获得批准。

一般情况,申请实用新型专利居多,外观专利的申请较为简单;发明专利与实用新型专利的申请文件格式一样,只是把"实用新型"换成"发明"即可。

1) 专利的名称

专利名称应注意以下几个方面:

(1) 一致性。说明书摘要、申请书、说明书、委托书等,以及其他证明文件中的名称均应一致。

(2) 应简明、准确地描述专利请求保护的主题。例如,申请一个新型的将衣架和箱子整合创新的拉杆箱方面的专利,用"衣架式拉杆箱"就比"一种拉杆箱"或"多功能拉杆箱"更准确,保护的主题更清晰明确,便于查询和检索。它列出了你要保护权利的诸多关键词:"衣架""拉杆箱"。

(3) 采用所属技术领域通用的技术用语。国家有统一规定的科技术语,应当采用规范词。如:"格林威治"应为"格林尼治","声纳"应为"声呐","电脑"应为"计算机"。

(4) 不应含有非技术词语。名称中不得含有非技术词语,包括人名、单位名称、商标、型号、代号等,比如:"周林拉杆箱"。

(5) 不应有含糊、概括不当、过于抽象的词语。名称不得含有语意含糊的词语,例如:"及其他""及其类似物"等。也不得仅使用笼统的词语,致使未给出任何发明信息,例如:仅用"方法""装置""组合物""化合物"等词作为发明名称。

(6) 字数和标点符号。发明名称一般不得超过 25 个字(特殊情况下,例如,化学领域的某些发明,可以允许最多到 40 个字)。名称中的字母、数字和标点符号均计算在字数内,每个字母、数字或标点符号算半个字。名称中不允许含有句号。另外,顿号、逗号、括号、引号、书名号、斜杠、反斜杠、破折号、省略号等标点符号在使语意不明确的情况下也是不允许的。

(7) 不能出现宣传性用语。例如:涉及咖啡杯的专利申请,名称为"神奇咖啡杯";涉及理疗仪器的专利申请,名称为"一种无敌理疗仪",其中的"神奇"和"无敌"均为明显夸张用语,是不允许的。

(8) 不应附有产品规格、大小、规模、数量单位。例如:"9英寸手机""中型衣架""一副手套"等。

(9) 不应以外国文字或无确定的中文意义的文字命名。例如:"克莱斯酒瓶"。但已经众所周知并且含义确定的文字可以使用,例如:"DVD播放机""LED灯"等。

2) 撰写前的准备工作

(1) 确定涉及多少技术主题。充分理解和分析发明的内容与技术,确定能够授予专利权的主题。例如:发明了一种可以收纳伞袋的雨伞,如果只是对伞柄进行了创新设计,那么伞架与收缩杆就不属于申请内容。

(2) 确定专利申请的种类。确定是产品发明还是方法发明,或者是以何为主的发明。比如:发明了一台油泥刮刀刀片刃磨机,就是又有设备,又有方法。如果是方法发明,那么只能申报发明专利。

(3) 单一性。初步确定合案申请的多项发明是否具有单一性。例如:收纳伞袋的伞柄的多种结构方式可以合案申请。

(4) 现有技术的调研和检索。对现有技术进行充分调研,进而确定合适的申请范围,进一步确定合案申请的单一性。

(5) 确定是否将一些技术要点作为秘密技术予以保留。专利申请公开后可能透露一些技术秘密。技术披露不足可能不能获得专利授权,披露太多又可能导致技术外泄。

3) 请求书

请求书是申请人向专利局表示请求授予专利权愿望的一个表格形式的文件。国家专利行政部门给出了专利请求书的规定内容和格式。请求书应当写明发明或者实用新型的名称、发明人的姓名、申请人姓名或者名称、地址以及其他事项。

4) 说明书

说明书是一项发明或者实用新型申请专利的技术性基础文件,是权利要求书的依据,必要时可以用来解释权利要求书。其作为一项技术性法律文件,应当对发明或者实用新型做出清楚、完整的说明,向全社会公开发明或者实用新型的技术内容,使所属技术领域人员根据说明书所描述的技术内容,不需创造性劳动就能实现发明或者实用新型的技术方案,解决其技术问题,并产生预期的技术效果。

说明书应当写明发明或者实用新型的名称,并与请求书中的名称一致。说明书撰写包括五个部分,应按照下列顺序撰写。

(1) 所属技术领域。撰写要求:简要说明其所属技术领域或者应用领域,目的是便于分类、检索及其他专利活动的进行。可按国际分类表确定其直接所属技术领域,尽可能确定在其最低的分类位置上。

例如:本实用新型涉及一种××××××,尤其是××××××(或者其特征是×××××

×)。

(2) 背景技术。撰写要求:这一部分应对申请日前的现有技术进行描述和评价,指出当前的不足或有待改进之处或自己的发明创造能解决的问题等。应提供一至几篇在作用、目的及结构方面与本发明密切相关的对比资料,简述其主要结构或原理或工艺等内容,必要时可借助附图加以说明,并客观地指出其不足之处及其原因。为了方便专利审查,引经据典的内容应注明出处。如提供不出具体的文献资料,也应对现有技术的水平、缺点和不足做一介绍。

例如:目前……

(3) 发明内容。这一部分包括三方面内容:要解决的技术问题、技术方案和有益效果。

① 要解决的技术问题

撰写要求:针对现有技术存在的问题,指出本发明或实用新型所要解决的问题和可实现的任务目标。

例如:为了克服……的不足,本实用新型……

本发明要解决的技术问题是提供一种……

本实用新型要解决的问题是……

② 技术方案

撰写要求:应清楚、完整地说明实用新型的形状、构造特征。机械产品应描述必要零部件及其整体结构关系;涉及电路的产品,应描述电路的连接关系;机电结合的产品还应写明电路与机械部分的结合关系;涉及分布参数的申请时,应写明元器件的相互位置关系;涉及集成电路时,应清楚公开集成电路的型号、功能等。首先用一个自然段说明发明或实用新型的主要构思,以发明或实用新型必要技术特征的形式来阐明发明或实用新型的实质内容。对于只有一个独立权利要求的专利申请,这一段应针对独立权利要求的技术方案进行描述,通常可采用独立权利要求的概括性词句来阐明其技术方案。

对于有两个或两个以上同类发明或实用新型的独立权利要求的专利申请,这一段最好先对这些技术解决方案的共同构思进行描述,然后再用几个自然段分别描述相应技术方案。

例如:

本实用新型针对上述现有技术的不足之处设计了……

本实用新型解决其技术问题所采用的技术方案是……

作为优选,……

③ 有益效果

撰写要求:说明本发明创造的优越性及积极效果,如结构简化、加工方便、生产效率提高、方便养护维修、绿色环保等。

例如:本发明的有益效果是……解决了现有技术存在的问题。

(4) 附图说明。撰写要求:附图说明部分应给出每一幅附图的图名。必要时可列出附图中的附图标记及它们所表示的部件名称。

例如:

下面结合附图和实施例对本实用新型进一步说明。

图1是实施例的三维图。

图 2 是实施例的主视图。
图 3 是实施例的俯视图。
图中符号说明：
01—××××;02—×××××;03—×××××。

(5) 具体实施方式。撰写要求：至少描述实用新型优选的一个具体实施例。对照附图对实用新型的形状、构造进行说明，实施方式应与技术方案相一致，并且应当对权利要求的技术特征给予详细说明，以支持权利要求。附图中的标号应写在相应的零部件名称之后，使所属技术领域的技术人员能够理解和实现，必要时说明其动作过程或者操作步骤。如果有多个实施例，每个实施例都必须与本实用新型所要解决的技术问题及其有益效果相一致。

在申请内容十分简单的情况下（即权利要求的技术特征总和所保护申请内容是具体的、单一的），若说明书技术方案部分已对实施方式做过具体的描述，则在这部分可不必做重复描述。

例如：

下面结合附图对本实用新型做进一步说明：

实施例：在图 1 中……

除上述实施例外，本实用新型还可以有其他实施方式。凡采用等同替换或等效变换形成的技术方案，均落在本实用新型要求的保护范围之内。

最后一段还可以这样撰写：以上内容旨在说明本发明的技术手段，并非限制本发明的技术范围。本领域技术人员结合现有公知常识，对本发明做显而易见的改进，亦落入本发明权利要求的保护范围之内。

5) 说明书附图

附图是说明书的一个组成部分，用图形对文字说明部分进行补充描述，能更直观、形象地表达发明和实用新型的技术特征。绘制附图应注意下列问题：

(1) 实用新型的说明书中必须有附图，机械、电学、物理领域中涉及产品结构的发明说明书也必须有附图。

(2) 发明或实用新型有几幅附图时，用阿拉伯数字顺序编图号，几幅附图可绘在一张图纸上，按顺序排列，彼此应明显地分开。

(3) 图通常应竖直绘制，当零件横向尺寸明显大于竖向尺寸必须水平布局时，应当将图的顶部置于图纸左边。同一页上各幅图的布局应采用同一方式。

(4) 同一部件的附图标记在前后几幅图中应一致，即使用相同的附图标记，同附图标记不得表示不同的部件。

(5) 说明书中未提及的附图标记不得在附图中出现，说明书中出现的附图标记至少应在一幅附图中加以标记。

(6) 附图的大小及清晰度应当保证在该图缩小到三分之二时仍能清楚地分辨出图中的各个细节。

(7) 附图中除必需词语外（如电路或程序的方框图、流程图），不应包含有其他注释。

(8) 说明书附图集应放在说明书文字部分之后。

(9) 说明书附图应当使用包括计算机在内的制图工具和黑色墨水绘制，线条应当均匀清晰、足够深,不得着色和涂改,不得使用工程蓝图。一般不得使用照片作为附图,但特殊情况下,例如,显示金相结构、组织细胞图或者电泳图谱时,可以使用照片贴在图纸上作为附图。

6) 说明书摘要

说明书摘要应保证与说明书的高度一致性,应是说明书的精准提炼。具体应写明实用新型的名称、技术方案的要点以及主要用途,尤其是写明实用新型主要的形状和构造特征。

摘要全文不超过三百字,摘要全文不分段。

不得使用商业性的宣传用语。

通用的撰写格式为:本实用新型公开了一种……

7) 摘要附图

摘要附图是从说明书附图中选出的一幅最能反映发明内容的图。

8) 权利要求书

权利要求书是用技术特征的总和来表达发明或者实用新型的技术方案,其本质是作为确定专利权保护范围的法律性文件。

(1) 权利要求的类型

权利要求按照保护范围和撰写形式划分为两种:独立权利要求和从属权利要求。

①独立权利要求

独立权利要求从整体上反映发明或实用新型的技术方案,记载解决其技术问题所需的必要技术特征。即发明或实用新型为解决其技术问题所不可缺少的技术特征,其总和足以构成发明或者实用新型的保护客体,使之区别于其他技术方案。

②从属权利要求

如果一项权利要求包含了另一项权利要求中的所有技术特征且对另一项权利要求的技术方案做进一步限定,那么该权利要求为另一项权利要求的从属权利要求。从属权利要求用附加技术特征对被引用的权利要求做进一步限定。

附加技术特征是指,发明或者实用新型为解决其技术问题所不可缺少的技术特征之外再附加的技术特征。它与所解决的技术问题有关,可以是对引用权利要求中的技术特征做进一步限定的技术特征,也可以是增加的技术特征。

一项专利申请的权利要求书中,至少包括一项独立权利要求,还可以包括从属权利要求。

(2) 权利要求书的撰写要求

①以说明书为依据

权利要求应以说明书为依据,每一项权利要求,在说明书中都应有清楚、充分的记载。并且每一项权利要求所要求保护的技术方案应当是本领域普通技术人员不用创造而从说明书中记载的内容能直接导出或者概括得出的。

②权利要求的数目应当合理

应写出其他欲侵权者无法绕过的关键技术保护要点,其他非必要的、非关键性的技术特征写入从属权利要求。根据侵权判定中的"全面覆盖原则",如该专利权利要求中写了三项,人家只侵犯你其中两项,不算侵权。所以,要写得越精细越好,而不是越多越好。

③权利要求中包括几项权利要求的,应当用阿拉伯数字顺序编号。

④若有几项独立权利要求,各自的从属权利要求应尽量紧靠其所引用的权利要求。

⑤每一项权利要求只允许在其结尾使用句号,以强调其含义是不可分割的整体。

⑥权利要求中使用的科技术语应当与说明书中使用的一致。

⑦权利要求中可以有化学式、化学反应式或者数学式,但不得有插图。

⑧应使用确定的技术用语,不得使用技术概念模糊的语句,如"大约""左右"等,不应使用"如说明书……所述"或"如图……所示"等用语。

⑨权利要求中通常不允许使用表格,除非使用表格能够更清楚地说明发明或实用新型要求保护的客体。

⑩权利要求中的技术特征可以引用说明书附图中相应的附图标记,但必须带括号,且附图标记不得解释为对权利要求保护范围的限制。

⑪除附图标记或者其他必要情形必须使用括号外,权利要求中应当尽量避免使用括号。

⑫一般情形下,权利要求不得引用人名、地名、商品名或商标名称。

(3) 独立权利要求

尽量撰写出一个保护范围较宽的独立权利要求。应尽量采用概括性的描述来表达技术特征。

撰写格式为:1. 一种……,其特征是……

例如:1. 一种可收纳伞袋的伞柄,包括伞柄支持部分＜1＞,其特征是:伞柄支持部分＜1＞……

(4) 从属权利要求

为了增加获得专利授权的可能性和更有利于授权后的专利维护,针对具体实施方式撰写从属权利要求,层层递进。从属权利要求可以引用在其前面的独立权利要求,也可以引用在其前面的从属权利要求,但不得引用在其后面的权利要求。

撰写格式为:2. 根据权利要求1所述的……,其特征是……

例如:2. 根据权利要求1所述的可收纳伞袋的伞柄,其特征是:所述固定内壳＜2＞底部缺口呈扇形……

2.3.4 专利申报个人解读

2019年学校为鼓励学生科技创新,凡学生以第一申请人申请发明专利学校均予以资助。即学生只要撰写专利,并在教师指导下修改,然后递交专利事务所,专利事务所会根据内容进行修改并与学生交流,最终完成定稿。最后定稿的规范文档,不需要学生完成,专利事务所代理人会按照标准格式全部修订完毕,从专利申报到最后的授权或者授权无效的期间,所有费用都不需要学生承担。

为有针对性地指导有创新性的专利申报,笔者在电类专业大一新生"专业导论与职业发展"课程布置作业,即每人完成一份专利的撰写,并在课堂上介绍专利撰写的检索数据库、模板,要求学生在递交创新设计材料的时候附上搜索佐证材料。笔者在上述递交的作业中,可以从中遴选有价值的设计材料,指导学生以第一发明人身份在1个学期之内完成并公开发明专利。

关于专利撰写的内容，建议 1～2 年级学生从实物设计以及方法实现的角度入手，并结合 Visio、AutoCAD、SolidWorks 等软件绘图。Visio 是微软公司的画图软件，上手容易，适合初学者快速入门绘制；AutoCAD 软件在大一的公共基础课"工程制图"中会开设，若学生具有一定的基础，也可以尝试用于专利图的绘制；SolidWorks 软件是全国三维数字化创新设计大赛的主要绘图工具，支持动态展示机械结构，软件上手容易，以往有电类专业学生自学画图并获得省级三维数字化创新设计大赛奖项的案例。

2.4 大学生创新实践的意义

当代大学生作为未来中国创造原创性成果的中坚力量和希望所在，必将承担起民族发展与强盛的历史重任。在知识经济时代，高校有责任担起创新的担子。大学生创新的开展有利于创新人才的培养，有利于国家创新体系的完善，对着力开发大学生的科技创新能力具有积极的理论意义与现实意义。

（1）从当代大学生的自身能力培养和发展角度来看，创新活动具有十分重要的作用和意义。

科技创新是培养大学生具备现代科技知识和实践动手能力的必由之路。参与科技创新活动有利于扩大学生的知识面，建立更加合理和实用的知识结构。多种多样的科技活动丰富了大学生获取各类知识的渠道，有助于形成"教—学—研"的良性循环。科技活动能有效地激发学生的主观能动性和创造力，增强"敢于攻坚，敢于突破"的信心，并进一步通过科研活动意识到学习的重要性和目的性。这些对当代大学生而言，都是不可或缺的重要精神财富，并在未来的学习、工作和科学研究中逐步体现其重要意义。

（2）从高等教育发展的角度来看，能否培养出一批真正具有科研意识、科研能力和创新精神的研究型人才，将关系到我国人才素质教育能否全面推进，关系到科学技术能否在更高层次上取得进展。

①培养大学生的创新能力是法律规定的高等教育中心任务之一。《中华人民共和国教育法》（2021 修订）第六条规定："……增强受教育者的社会责任感、创新精神和实践能力。"

②培养大学生的创新能力是国家教育兴旺、深化教育改革、全面推进素质教育基本国策的必需。高等教育作为高级人才培养的摇篮，一直被认为是国家创新体系建设的关键环节之一，起着引领和开拓知识创新和技术创新的重要作用。高等学校的主要任务是培养并造就具备科技创新意识与能力的高素质专业人才，并使大学生成为科教兴国战略和推动国家创新体系建设的生力军。

③大学生创新教育是整个大学科技创新体系乃至国家创新体系的重要组成部分。大学生创新能力的培养，已成为高等院校的一项重要任务。《国家中长期教育改革和发展规划纲要（2010—2020 年）》指出：应该充分发挥高校在国家创新体系中的重要作用，鼓励高校在知识创新、技术创新、国防科技创新和区域创新中做出贡献。

④大学生创新教育既是影响高等教育人才培养水平的关键领域，也是本科质量工程改革的重点。2011 年《教育部 财政部关于"十二五"期间实施"高等学校本科教学质量与教学改革工

程"的意见》指出:我国高等教育人才培养存在还不完全适应经济社会发展需要的突出问题,为此要在高校专业结构不尽合理,办学特色不够鲜明,教师队伍建设与培养培训薄弱,大学生实践能力和创新创业能力不强等关键领域和薄弱环节上,通过一段时间的改革建设,力争取得明显成效,更好地满足经济社会发展对应用型人才、复合型人才和拔尖创新人才的需要。

⑤大学生科技创新教育开展的深度和广度,是衡量一所高校科研能力和科研水平的一个重要标志。只有鼓励并发动尽可能多的学生参加到科技创新队伍中来,才能激发学生的创新思维和创新能力,才能把学生培养成创新型和复合型人才。

华中科技大学曾经对某 985 高校 2014—2015 年参加全国或国际科技竞赛的 24 个团队做了访谈,请他们总结参赛后的收获(竞赛绩效),并将竞赛绩效划分为形成性绩效和终结性绩效。其中,前者包括发现知识能力短板、拓展跨学科知识、知晓学科前沿、增强专业兴趣、提高专业技能、提升综合素质、树立学术理想、建立合作圈子等,这些结果对大学生未来科研和就业带来持续影响,有助于今后科研和工作成果的形成;后者包括取得竞赛优异奖项、成功申请成果专利、获得学校奖学金、研究生推免加分等,显示出对竞赛成绩的肯定性评价。现将访谈中各位参赛选手提及的科技竞赛绩效内容统计整理为表 2.19。

表 2.19 24 个团队中参赛选手提及的科技竞赛绩效内容一览表

绩效类型	绩效表现	提及次数	所占比例/%
形成性绩效	发现知识能力短板	7	29
	拓展跨学科知识	4	17
	知晓学科前沿	5	21
	增强专业兴趣	4	17
	提高专业技能	17	71
	提升综合素质	16	67
	树立学术理想	5	21
	建立合作圈子	8	33
终结性绩效	取得竞赛优异奖项	9	38
	成功申请成果专利	1	4
	获得学校奖学金	1	4
	获得研究生推免加分	3	13
	被国内外著名大学录取读硕士研究生(博士研究生)	5	21
	被行业领先企业(机构)优先录用	2	8
	个人自主创业	1	4

从表中看到,形成性绩效中,参赛选手提及次数从多到少依次为:提高专业技能、提升综合素质、建立合作圈子、发现知识能力短板、知晓学科前沿和树立学术理想、拓展跨学科知识和增强专业兴趣;终结性绩效中,参赛选手提及次数从多到少依次为:取得竞赛优异奖项、被国内外著名大学录取读硕士研究生(博士研究生)、获得研究生推免加分、被行业领先企业(机构)优先录用及成功申请成果专利、获得学校奖学金、个人自主创业。总体来看,参赛选手对形成性绩效的感受更为深刻。形成性绩效的提及次数明显多于终结性绩效的提及次数。

习题 2

2.1 大学生创新的概念。

2.2 大学生创新的表现形式。

2.3 大学生创新的意义和进一步提升办法。

2.4 尝试撰写一份发明专利申请书。

3 "挑战杯"赛案例详解

为了帮助学生了解学科竞赛的参与过程,本章主要以挑战杯赛为例,从竞赛报名、遴选、准备、初赛、复赛和答辩等环节全面详细地说明和分析,其他竞赛的过程也基本包含在这些环节中,大家可以有针对性地进行阅读并予以参考。

3.1 校内初赛(2018.3.3)

"挑战杯"赛侧重于科技创新作品以及论文类的比赛,其知名度高,参与人数多。2018年学校主页公布比赛预选赛通知,具体通知如下:

关于举办 2018 年"挑战杯"大学生课外学术科技
作品竞赛校内选拔赛的通知

各二级学院团委、相关职能部门,各学生组织:

为深入贯彻党的十九大精神,落实我校第二次党代会以来确定的目标任务,进一步强化基于课外学术科技活动的创新型教育模式及效果,培养学生创新精神和实践能力,营造良好的校园学术科技创新氛围,孵化 2019 年"挑战杯"江苏省大学生课外学术科技作品竞赛参赛作品,根据《常州工学院"挑战杯"竞赛组织管理办法(试行)》(以下简称《办法》)文件精神,经研究决定,举办常州工学院 2018 年"挑战杯"大学生课外学术科技作品竞赛校内选拔赛,现将具体事项通知如下:

一、参赛对象

我校正式注册的全日制学生。

二、参赛作品要求

1. 申报参赛的作品分为自然科学类学术论文、哲学社会科学类社会调查报告和学术论文、科技发明制作三类。

2. 科技发明制作类分为 A、B 两类:A 类指科技含量较高、制作投入较大的作品;B 类指投入较少,且为生产技术或社会生活带来便利的小发明、小制作等。

3. 参赛的哲学社会科学类作品(含调查报告、学术论文)限定在哲学、经济、社会、法律、教育、管理六个学科。社会科学类参赛作品中可包含被采用的为党政领导部门、企事业单位所做的各类发展规划、改革方案和咨询报告,同时附上原件及采用单位使用证明的复印件和有关鉴定材料。

4. 申报参赛的作品必须是 2017 年 7 月 1 日以后完成的学生课外学术科技或社会实践活

动成果,可分为个人作品和集体作品。申报个人作品的,申报者必须承担申报作品60%以上的研究工作,作品鉴定证书、专利证书及发表的有关作品上的署名均应为第一作者,合作者必须是学生且不得超过两人;凡作者超过三人的项目或者不超过三人但无法区分第一作者的项目,均须申报集体作品。集体作品的作者必须均为学生。

5. 毕业设计和课程设计(论文)、学年论文和学位论文、国际竞赛上获奖的作品、获国家级奖励成果等不在申请范围之内。

6. 参赛作品须经作者本人或集体申报,由两名具有高级专业技术职称的指导教师推荐,经本二级学院审核确认。

7. 参赛作品应突出科学性、先进性和现实意义,从实际出发,侧重解决社会生产生活中的具体问题。

三、竞赛组织流程

1. 准备立项阶段(2018年3月13日—2018年4月30日)

全校广泛宣传发动、鼓励和引导各二级学院学生参加课外学术科技作品大赛,按学院规模申报参赛作品,学生人数在1 000人以下的至少申报2项,1 600人以上的至少申报3项。原则上,一个学生只能申报或参与申报一个项目。

申报材料:参加立项阶段评审须对应作品类型填报《2018年"挑战杯"大学生课外学术科技作品竞赛校内选拔赛立项申报表》。如申报项目中有跨二级学院的合作者,由作品的第一作者所在二级学院审核确认上报。二级学院团委须填写《2018年"挑战杯"大学生课外学术科技作品竞赛校内选拔赛立项申报汇总表》。

2. 评审立项阶段(2018年5月1日—2018年5月20日)

校团委组织专家组对申报作品进行评审,确定立项资助项目,并在团委网站上进行立项公示。

3. 立项项目参与校内选拔赛阶段(2018年5月21日—2018年10月15日)

各立项项目根据要求准备相关比赛材料,形成参赛作品,填写《2018年"挑战杯"大学生课外学术科技作品竞赛校内选拔赛作品申报书》,申报材料(申报书、论文或调查报告)通过纸质版和电子版两种方式报送,科技发明制作类作品提供展示视频(视频为flv格式,时长不超过5分钟,文件大小不超过100 MB)。

4. 校内选拔赛作品评审阶段(2018年10月16日—2018年11月15日)

校团委组织现场答辩,立项团队需结合PPT准备5~8分钟的汇报展示,专家组对项目作品进行评审,确定校级特、一、二、三等奖。后期将从校级获奖作品中选出优秀作品,根据专家评审意见和省有关文件精神对作品进行修改与完善,参加2019年江苏省"挑战杯"大学生课外学术科技作品竞赛。

四、奖项设置

根据《办法》规定,比赛设特等奖3个、一等奖4个、二等奖5个、三等奖10个。

3.2 团队学生组成

由于"挑战杯"比赛难度大,准备时间长,不可能在比赛前半年就准备好所有的材料,所以在笔者所参赛的队伍中,有学生在二年级时就加入教师团队并参与各类赛事,比如电子竞赛、"蓝桥杯"比赛、物理和实验科技作品创新竞赛、计算机设计比赛等。上述赛事可以帮助学生进一步熟悉所申报的竞赛项目,锻炼口才和答辩技巧,还可以丰富项目的前期研究基础。

校赛项目成员可以多达9人,省赛项目成员可以多达8人,而前期组建的团队成员并没有达到上述数目。考虑到该项目比赛需要撰写发明专利、画三维设计图,而且除了2名主讲学生以外还需要2名备选学生。

综上,笔者首先在自动化专业选取了2名,在电子信息专业选取了2名,在给航空与机械工程学院学生上课的班级中遴选了1名,一共选取5名有志于参加学科竞赛的学生。以上学生作为主要成员在"挑战杯"赛前参加了系列的学科竞赛。其中,航空与机械工程学院学生主要负责发明专利撰写的三维图设计,自动化专业学生主要负责材料的撰写,电子信息专业的学生主要负责硬件和软件的调试。此外通过二级学院副书记推荐选取了一名备选学生。2019年省"挑战杯"赛前考虑到航空与机械工程学院学生已经大四了,正准备考研,由其推荐另一名该学院的学生加入团队中。在省赛最后网上申报阶段,笔者还把指导毕业设计的学生纳入团队,最终组建了8名省赛成员。

需要强调的是,"挑战杯"赛校赛和多轮的遴选过程中,团队成员随时可以变化,完全可以根据学生参与程度调整参赛名单。本项目参加的校赛和省赛名单中只有5名学生是完全一致的。

如果学生对"挑战杯"赛感兴趣,就需要及时询问二级学院分管学生竞赛的院领导(通常为副院长)有哪些老师准备带队参赛,然后及时去找上述老师自我推荐。

3.3 校内选拔赛第一轮遴选通知(2018.11.25)

2018年"挑战杯"大学生课外学术科技作品竞赛
校内选拔赛答辩须知

1. 参赛个人作品仅由作者本人参加现场答辩,集体作品最多不超过2名学生参加现场答辩。参加答辩的学生必须为作品申报书上登记的团队成员,且主要作者必须参与答辩。

2. 参加答辩的同学应根据通知时间凭身份证或学生证进入候场室候场,无故迟到15分钟以上者,取消答辩资格。

3. 决赛采取现场封闭式答辩的形式,采用"作品陈述+评委问辩"方式进行。每件作品评审时间为12分钟,其中作品陈述5分钟,评委问辩7分钟。

4. 答辩时可展示方便携带的作品实物或模型,实物展示时间占用各作品的问辩时间(计入7分钟内)。作品实物或模型无法现场展示的,可采用拍摄实物或模型视频方式进行展示。

5. 答辩时必须使用PPT展示,专家审阅作品申报书和产品说明书(论文或调研报告),展示的PPT及视频要在答辩前2天拷贝到校团委指定电脑上。PPT播放软件为Microsoft Office PowerPoint 2010,投影屏幕比例为4:3。音频、视频播放软件为射手影音。为确保兼容,请不要使用IOS系统、WPS软件以及特殊字体等。所有作品的作品书和PPT演示文稿等不得在任何位置显示学校、学院或参赛者等相关信息,否则取消答辩资格。

6. 参赛队员统一着正装参加答辩。

2018年"挑战杯"校内赛答辩环节补充说明(一)

1. 现场答辩:将于2018年11月25日14:00在辽河路校区文化艺术中心B323室进行,选手候场室为B322大学生活动中心,请各位项目负责人于当天13:20到B322室签到并候场,正式答辩开始后30分钟内仍未签到的团队将取消答辩资格。

2. 答辩材料要求:申报的纸质材料如需修改,改好经指导老师审核后,重新提交至大赛联系人处。答辩需提供的材料有:(1)科技发明制作类,如作品申报书、作品设计说明书、PPT;(2)社科、自然科学论文及调研报告类,如作品申报书、论文或报告、PPT。提交截止时间为2018年11月23日(周五)上午11:00。逾期没有更新材料提供的,组委会将按照前期各项目提供材料递交评委评审。项目实物或模型答辩当天带到现场即可。

3. 答辩环节注意事项:答辩开始前1分钟是调试时间,在1分钟内需完成PPT调试以及实物、模型的摆放。项目演示视频包含在5分钟陈述环节内,答辩时实物展示在问辩环节(计入7分钟内),如果没有实物展示,则专家直接提问。答辩时统一使用校团委提供的翻页笔展示PPT。请参加答辩选手注意入场、开始陈述以及结束问辩时的礼貌用语。答辩过程不允许其他人员进入答辩区域。

2018年"挑战杯"校赛终审决赛项目答辩顺序

序号	项目名称	项目类别	项目负责人	推荐学院
1	基于可变基线水声定位系统的观察级水下机器人	机械控制	朱杰	机车
2	LED光电综合测试仪	信息技术	黄郑霞	电光
3	基于机器视觉的易损斑块自动识别系统	信息技术	朱俊杰	计算机
4	二胎政策对早教行业的影响分析——基于常州地区的实际调研	社会	戴辰	经管
5	化工高盐有机固体危废综合治理新工艺	能源化工	罗景义	数化
6	微波法制备铁磁性石墨烯	能源化工	徐长洲	数化
7	柔性关节机械臂设计	机械控制	张文通	机车
8	锂电池极片微位移在线检测装置及其教学平台	信息技术	刘宜君	电光
9	自锁式砖模块体系	机械控制	李澜	土木
10	传统村落文化数字化保护与传播——常州孟河镇	社会	刘纯一	艺设
11	建筑垃圾再生利用之轻物质分离装置设计与开发	机械控制	徐弋凡	机车
12	RMS智能试剂管理系统	生命科学	喻晓亮	数化

12组通过答辩确定校赛的特、一、二等奖名单。

3.4 校内选拔赛第一轮遴选结果(2018.11.29)

校内选拔赛第一轮遴选结果见表3.1。

表3.1 校内选拔赛第一轮遴选结果

推荐学院	项目名称	项目类别	项目负责人	指导老师	拟评等次
数理与化工学院	化工高盐有机固体危废综合治理新工艺	科技发明制作A类	罗景义	张震威 吴泽颖	特等奖
土木建筑工程学院	自锁式砖模块体系	科技发明制作B类	李澜	周一一 傅睿	特等奖
电气与光电工程学院	锂电池极片微位移在线检测装置及其教学平台	科技发明制作A类	刘宣君	陈功 许清泉	一等奖
电气与光电工程学院	LED光电综合测试仪	科技发明制作B类	黄郑霞	饶丰	一等奖
机械与车辆工程学院	建筑垃圾再生利用之轻物质分离装置设计与开发	科技发明制作A类	徐弋凡	门艳忠 常睿	一等奖
经济与管理学院	二胎政策对早教行业的影响分析——基于常州地区的实际调研	哲学社会科学类社会调研报告和学术论文	戴辰	徐霞 冷微微 郭峥春	二等奖
数理与化工学院	RMS智能试剂管理系统	科技发明制作A类	喻晓亮	吴泽颖 陈建欣	二等奖
计算机信息工程学院	基于机器视觉的易损斑块自动识别系统	科技发明制作A类	朱俊杰	钱诚	二等奖
数理与化工学院	微波法制备铁磁性石墨烯	自然科学类学术论文	徐长洲	秦赛	二等奖
艺术与设计学院	传统村落文化数字化保护与传播——常州孟河镇	哲学社会科学类社会调研报告和学术论文	刘纯一	史洪 彭伟	二等奖
机械与车辆工程学院	基于可变基线水声定位系统的观察级水下机器人	科技发明制作A类	朱杰	陈勇将 王树磊 毛建秋	三等奖
机械与车辆工程学院	柔性关节机械臂设计	科技发明制作B类	张文通	李晓贞 王祥志	三等奖
机械与车辆工程学院	智能共享图书馆系统	科技发明制作A类	朱安齐	杨辉 李春光 黄亮	三等奖
电气与光电工程学院	基于北斗卫星定位的应急救援监护系统	科技发明制作B类	王惠寅	饶丰 马金祥	三等奖
电气与光电工程学院	双轴跟踪的太阳能气象监测系统	科技发明制作B类	伍子嘉	蒋渭忠 徐伟龙 赵宇	三等奖
机械与车辆工程学院	一种道路上层的环形自动存取汽车的停车装置	科技发明制作A类	杨星	杨辉 张亚锋	三等奖
计算机信息工程学院	物联网边缘网关	科技发明制作A类	韩海月	潘群 唐土生 袁晓宇	三等奖

续表 3.1

推荐学院	项目名称	项目类别	项目负责人	指导老师	拟评等次
经济与管理学院	互联网＋健康养老：新时期老年人健康管理服务模式创新发展研究	哲学社会科学类社会调研报告和学术论文	吴薇	李春平 徐霞 孙钦荣	三等奖
经济与管理学院	我国省域交通运输行业碳排放测度影响因素研究	哲学社会科学类社会调研报告和学术论文	沈晶晶	曹国	三等奖
艺术与设计学院	"文创生活新视界"：海峡两岸创意设计产业调研——以常州、台北两地为例	哲学社会科学类社会调研报告和学术论文	万玉辉	朱亮亮 刘毅飞 苏卉君	三等奖
计算机信息工程学院	面向复杂场景的实物资产智能位置服务平台	科技发明制作 B 类	张锦鹏	史永 李晓芳 费贤举	优秀奖
机械与车辆工程学院	行车式小型自动停车场	科技发明制作 A 类	成毛虎	唐建敏 刘羽	优秀奖
电气与光电工程学院	基于软件无线电的频谱智能感知系统设计与实现	科技发明制作 A 类	裴彤	崔翠梅 吴雪芬	优秀奖
计算机信息工程学院	基于 NB-IOT 的动态风道诱导风机智能控制系统	科技发明制作 B 类	梁浪棉	胡圣尧	优秀奖
机械与车辆工程学院	魔方快速复原智慧机器人	科技发明制作 B 类	李永华	冯春 杨名利	优秀奖
机械与车辆工程学院	四旋翼无人机自主避障控制研究	科技发明制作 B 类	邹涵韬	冯春 周叙荣	优秀奖
土木建筑工程学院	基于"互联网＋"大数据下的智能停车系统	科技发明制作 B 类	顾佳俊	傅睿 周一一	优秀奖
计算机信息工程学院	基于深度强化学习的双足机器人动作优化软件	科技发明制作 B 类	李宁健	李春光	优秀奖
教育与人文学院	当代大学生现象级网络游戏的思考	哲学社会科学类社会调研报告和学术论文	许雅慧	薛姗	优秀奖
教育与人文学院	信息茧房与当代大学生综合素质成长研究	哲学社会科学类社会调研报告和学术论文	魏晓	徐进	优秀奖
教育与人文学院	新时代大运河文化带建设背景下常州运河资源的开发及文化精神的阐扬	哲学社会科学类社会调研报告和学术论文	孙健舒	周彤	优秀奖
艺术与设计学院	江南水乡古镇农产品品牌策划推广——以孟河为例	哲学社会科学类社会调研报告和学术论文	刘嘉豪	刘毅飞 周琳	优秀奖
经济与管理学院	原生家庭对大学生职业选择的影响调研报告	哲学社会科学类社会调研报告和学术论文	李悦	徐霞 冷微微	优秀奖
数理与化工学院	色谱进样前食品机制的预处理	自然科学类学术论文	龚祝玉	李殷	优秀奖
艺术与设计学院	乡村特色产业与空间营造一体化设计策略研究——常州孟河镇	哲学社会科学类社会调研报告和学术论文	宗丹	汪瑞霞 夏娴	优秀奖
外国语学院	日本料理在中国的本土化——以常州日式餐饮为例	哲学社会科学类社会调研报告和学术论文	徐静怡	郭彦姝	优秀奖
土木建筑工程学院	城市建筑建成形态成因分析	自然科学类学术论文	曹嘉琪	徐开 蒋莉 陈雯昳	优秀奖

续表 3.1

推荐学院	项目名称	项目类别	项目负责人	指导老师	拟评等次
经济与管理学院	社会网络视角下老年人健康知识、态度和行为的调查研究	哲学社会科学类社会调研报告和学术论文	华星月	李春平 徐 霞 孙欣荣	优秀奖
数理与化工学院	似乎不相关线性模型的统计分析	自然科学类学术论文	张加昊	胡学荣 李 森	优秀奖
外国语学院	基于应用型本科学生英语学习动机的课堂教学策略研究——以常州工学院为例	哲学社会科学类社会调研报告和学术论文	杨悦	谢金楼 张树娟 杨 柳	优秀奖

3.5 重点项目校内培训(2018.12.22)

从校内选拔赛第一轮遴选名单中选择特等奖、一等奖、二等奖的项目作为重点项目(表3.2)进行校内培训。

表 3.2 2019 年"挑战杯"重点项目培训计划安排表

时间	地点	培训内容	参与人员
12月22日上午9:00	文化艺术中心 B323	开班动员及参赛基本要求解读	重点团队参训学员
1月10日上午9:00	文化艺术中心 B323	对于答辩过程中应注意的礼仪、现存的问题做相应培训	重点团队参训学员
1月12日上午9:00	文化艺术中心 B323	确定初期讲稿,进行模拟答辩过程演练,对于模拟期间整体答辩礼仪以及存在的问题做相应培训	重点团队参训学员
1月15日上午9:00	文化艺术中心 B323	队员对于项目进行充分完整的讲解,寻找整体把控的盲点,确定最新版本 PPT 以及讲稿	重点团队参训学员
1月18日上午9:00	文化艺术中心 B323	培训考核,正式模拟答辩,专家指导	校团委老师,指导老师代表,重点团队参训学员

3.6 校内选拔赛第二轮遴选通知(2019.1.11)

关于进一步遴选常州工学院
2019年"挑战杯"省赛参赛作品的预通知

各二级学院团委、相关职能部门：

为了贯彻落实我校第三次党代会精神，深入推进创新创业教育，进一步挖掘校内学术科技创新类优秀资源，遴选常州工学院2019年"挑战杯"省赛参赛项目。现决定开展2019年"挑战杯"省赛参赛作品遴选工作。

一、参选对象

1. 2018年"挑战杯"大学生课外学术科技作品竞赛校内选拔赛特等奖、一等奖项目。

2. 二级学院重点推荐项目。要求同时具备下列条件：项目具有固定指导教师和成熟团队；发明制作类项目已完成实物作品或设计模型；有学生发明专利或学生以第一作者的身份发表论文；由2名本专业教授推荐，经二级学院院长签字盖章确认。

二、项目类型

1. 项目分科技发明制作、自然科学类学术论文、哲学社会科学类社会调查报告和学术论文三类。

2. 科技发明制作类分为A、B两类：A类指科技含量较高、制作投入较大的作品；B类指投入较少，且为生产技术或社会生活带来便利的小发明、小制作等。

3. 参赛的哲学社会科学类作品（含调查报告、学术论文）限定在哲学、经济、社会、法律、教育、管理六个学科。

三、遴选数量

依据2019年"挑战杯"江苏省大学生课外学术科技作品竞赛通知要求确定。

四、选拔环节

1. 宣传发动（2018年12月25日—12月31日）

各二级学院团委在全校广泛宣传，鼓励和引导具备资格的项目团队认真备赛，同时积极挖掘和发动二级学院重点推荐项目团队参与遴选。

2. 材料准备及报送（2019年1月1日—1月18日）

各项目团队根据要求填写《2019年"挑战杯"省赛参赛作品申报书》，科技发明制作类作品必须提交设计说明书。作品申报书和设计说明书（论文或调研报告）要报送纸质版和电子版两种形式，纸质版于2019年1月11日前交至文化艺术中心B306团委办公室，电子版发送至校团委邮箱（ytw@oa.czu.cn）。校团委将针对申报材料进行资格审核，并在一周内将审核结果反馈给各团队。

3. 备赛及参加答辩（2019年1月19日—3月中旬）

各团队利用寒假时间在指导老师带领下，进一步完善作品，修改申报材料，打磨PPT和培训答辩选手。校团委将在新学期开学的三周内组织校外专家团队进行现场答辩,每个项目团队选派 2 名成员(项目负责人必须参加)参加答辩。答辩时必须使用 PPT 展示,答辩内容分为作品陈述和评委问辩两个部分,作品陈述时间为 5 分钟,评委问辩时间为 7 分钟,实物展示时间计入问辩时间。参赛队员统一着正装。专家团队通过综合评审对项目进行评分并排序。

4. 公布结果,备战省赛(2019 年 3 月中旬—5 月)

校团委将在评审结束后的一周内,在校园网主页公布项目得分及排序,2019 年"挑战杯"省赛各高校项目申报数一旦公布,将依据项目排序确定参赛项目。参赛项目团队根据校外专家评审意见和省赛通知文件要求对作品进行最终完善,参加省赛。

3.7 校内选拔赛第二轮遴选结果(2019.4.2)

桃内选拔赛第二轮遴选结果见表 3.3。

表 3.3 校内选拔赛第二轮遴选结果

序号	学院	项目名称	项目类别
1	光电工程学院	LED 光电综合测试仪	科技发明制作 B 类
2	化工与材料学院	化工高盐有机固体危废综合治理新工艺	科技发明制作 A 类
3	土木建筑工程学院	自锁式砖模块体系	科技发明制作 B 类
4	电气信息工程学院	锂电池极片微位移在线检测装置及其教学平台	科技发明制作 A 类
5	航空与机械工程学院/飞行学院	建筑垃圾再生利用之轻物质分离装置设计与开发	科技发明制作 A 类
6	航空与机械工程学院/飞行学院	具有安全防护功能的智能停车装置	科技发明制作 A 类

3.8 校外专家指导意见

"挑战杯"竞赛项目指导的注意点主要分以下三个方面:

一、选题

1. 项目海选主要采取盲审方式,这就要求选题要一针见血、要能让评审专家眼前一亮,同时也要强调应用性,而非隔靴搔痒、偏理论性。

2. 选题还要避免和"985""211"高校选题撞车,应用性强的都可能撞车,但要尽量避免。特别地,在文科调研选题方面,我们既要避免热门选题也要避免没有意义的冷门,最贴合的选题应该是接近地方特色的人文历史文化,并由老师指导,选取一些具有代表性、实事求是的话题,涉及的范围可以广泛一些,同时可以适当地体现深度。

3. 了解国家宏观政策,实时更新当下最新消息,那些已淘汰的话题自然是不可取的,创新点可以放在结合时下发展趋势并恰当联系国外先进技术上。

4. 许多传统名校项目,创新度一般是不够的,存在惯性思维。所以,我们强调特殊技术的重要性,以及掌握核心技术与硬件的重要性。

二、过程

1. 形式上,从校赛开始我们就应该严格对待,需要完全依照省赛的要求来规划团队的进度,指导老师要亲自打磨项目和作品,光靠学生的水平不可能取得理想成绩。

2. 待老师确定题目与学生交流后,需要对项目进行包装并将实际的应用情节包含其中,更重要的是,凡是参赛项目一定要有1~3项专利(至少拿到公开号),否则技术创新这一点就没有说服力,专利要有参赛学生名字,提前做好规划布局。

3. 应用型项目要拿出相应的材料或样品,样机由老师完成,同时,要具有权威部门检验报告;而一些已经与企业有合作的应用型项目明显占优势,具有推广意义。

4. 学生也需要参与学习、实验、培训,老师要反复灌输和强化理论思想、专业内容,注重学生间的磨合,所以,学生人选要注重情商、智商、形象三个方面,增加团队契合度。

5. 一些大型应用型系统可用模型代替,模型的制作可以夸张,做到吸引眼球。

三、申报材料

申报材料建议由老师动笔,佐证材料不能有各类奖项、经济效益等,但可以是企业应用证明、视频、专利等,尽可能去包装完善,最大可能地体现特色。

3.9 江苏省"挑战杯"网络平台系统申报(2019.4.14)

http://js.tiaozhanbei.net

3.10 江苏省"挑战杯"赛入围省赛二等奖以上名单(2019.5.5)

江苏省"挑战杯"赛入围省赛二等奖以上名单见表3.4。

表 3.4　第十六届"挑战杯"江苏省决赛入围作品(二等奖以上)名单

学　校	作品名称
常州工学院	高精度激光微位移检测装置及虚拟仿真平台
常州工学院	化工高盐有机固态危废综合治理新工艺
常州工学院	自锁式模块化生态砖

评语：①本作品设计并实现了锂电池极片在线高精度厚度检测设备，通过上下激光传感器差分法测量被测物微米级厚度，采用多分辨率小波算法实现高精度测量，精度可达 1 μm；②本作品设计合理，有一定的创新性和先进性；③建议加强测试试验，尽快推向市场。

评语：此作品最终的测量指标不清楚，是否满足工业化生产检测的需要不得而知。也就是说，此作品是否具备计量资质，受到质疑。发明专利"激光测厚对射光斑人工目视检测方法"，须人工目测，不知对本作品有何关联性。

评语：建议：①强化创新性(如集成创新、方法创新、技术创新、应用模式创新等)、关键技术及解决途径描述，并与申报的专利、查新报告关联起来；②从功能性能、技术先进性、成本与实用性、安装集成与操作方便性等方面与国内外类似产品进行全面比较；③增加本行业权威机构测试报告和评价报告，尤其是对关键指标的测试结果。

评语：①选题任务具体清晰；②系统样机已完成，设计科学合理，能较好地解决问题；③样机在多个合作企业应用，效果较好，用户报告较翔实；④产品成熟度较高，推广应用前景好。

3.11 江苏省"挑战杯"赛预通知(2019.5.10)

关于举办第十六届"瑞华杯"江苏省大学生课外学术科技作品竞赛暨"挑战杯"全国竞赛江苏省选拔赛决赛的预通知

各高校团委：

经作品申报、资格审查、网络评审，目前第十六届赛事初赛已经结束，根据网络评审专家意见，进入决赛作品已经确定。经研究，第十六届"瑞华杯"江苏省大学生课外学术科技作品竞赛暨"挑战杯"全国竞赛江苏省选拔赛决赛(以下简称"江苏省决赛")拟定于5月下旬(初步定于2019年5月24日至5月26日)在南京农业大学举办。现将有关事项通知如下：

一、代表队组成

1. 各高校以校为单位组成代表队。每所高校代表队组成人员如下：代表队领队1名，由高校团委负责同志担任；指导教师、工作人员及其他参会人员不超过6人。拟请各高校领导作为大赛特邀嘉宾出席大赛开、闭幕式。

2. 个人作品仅由作者本人参加现场答辩，集体作品最多不超过2名学生参加现场答辩，且至少一位主要作者(作者排序须在前三位以内)必须参与答辩，参加答辩的学生必须为作品申报书上登记的团队成员,否则取消作品参赛资格。

二、答辩规则

1. 决赛入围作品共321件(入围作品名单见附件1),现场决赛将评出大赛相关奖项,并从321件作品中遴选出73件作品推报全国竞赛。

2. 决赛采取秘密答辩的形式,采用"作品陈述+评委问辩"的方式进行。每件作品评审时间为12分钟,其中作品陈述5分钟,评委问辩7分钟。

3. 答辩时可展示方便携带的作品实物或模型,实物展示时间占用各作品的问辩时间(计入7分钟内)。作品实物或模型无法现场展示的,可拍摄实物或模型视频进行展示介绍。

4. 所有作品的作品书和PPT演示文稿不得在任何位置显示参赛高校相关信息,否则将取消答辩资格,请各高校团委严格审核。

5. 决赛评审规则详见附件2。

三、食宿安排

1. 所有参会人员信息应通过挑战杯官网校级管理员账号,登录第十六届"挑战杯"江苏省赛竞赛网站系统(ht:jstiaozhanbei.net)进行申报。需住宿的人员可在系统内选择入住酒店,并于5月17日前将住宿费汇入对应酒店账户,与酒店负责人联系确认,并保留好汇款凭证。会务系统将于5月9日14:00开通,5月15日17:00关闭,请各参赛高校务必按时填报会务信息。使用说明详见网站会务系统页面。

2. 每个学校可携带两辆自备车(最多一辆大巴,需在会务系统内申报车牌号),车辆根据大赛组委会要求统一停放。

3. 领队、指导教师、参赛学生、工作人员及其他参会人员可在学校指定食堂用餐,餐券于报到时统一发放。

四、相关费用

1. 作品评审费:评审费=决赛作品数×400元/件;

2. 领队、指导老师、工作人员及其他参会人员会务费:每人800元(含伙食费、资料费、交通费等,不含住宿费);

3. 参赛学生会务费:每人400元(含伙食费、资料费、交通费等,不含住宿费);

4. 校领导及驾驶员不收取会务费;

5. 以上费用请于5月19日前以银行转账方式交款,由南京农业大学统一开具发票(行政事业收据)。

汇款账户户名:南京农业大学
开户行:南京市工商银行孝陵卫支行
银行账号:4301010609001097041

汇款时请分别注明"校名(全称)+挑战杯评审费""校名(全称)+挑战杯会务费",发票于报到时领取。

五、相关要求

1. 请各高校密切关注2019江苏挑战杯QQ群(群号:101810107)。具体事项将通过QQ群及时告知。

2. 参赛学生需携带本人学生证与身份证。
3. 参加决赛的高校须确保在 5 月 17 日前将本校校旗两面（国标 3 号校旗一面，横式，单面印，旗管在左侧；国标 4 号校旗一面，竖式，单面印，旗管在上侧）交到或通过顺丰快递寄达南京农业大学团委。

地址：南京农业大学卫岗校区大学生活动中心 205 室

4. 参加决赛的高校须确保在 5 月 12 日前将本校校徽的矢量图发送至南京农业大学团委指定邮箱。

邮箱：nannongqingnian@163.com。

5. 5 月 19 日前（以邮戳为准），请将参赛作品书、申报书的纸质版（一式 4 份，申报书需盖章）、参赛作品电子版文档和 PPT 电脑演示文档（两个文件刻在同一张光盘里，一式 4 份，并注明学校和作品名称。答辩教室投影播放比例为 4：3，PPT 的播放软件为 Microsoft Office Power Point 2010）交到或通过顺丰快递寄达南京农业大学团委。

六、报到和接站

1. 请各相关高校务必于 5 月 24 日 13 时前集中报到。报到地点：南京农业大学体育中心。参与江苏省大学生课外学术科技作品竞赛成果展的学生应于 5 月 24 日中午 12 时前报到，具体要求另行通知。
2. 大赛原则上不安排接站，如有特殊需要请在会务系统中说明。

七、决赛日程大体安排

5 月 24 日	13:00 前	报到
	15:00—16:00	高校领队会议
	10:00—20:00	江苏省大学生创新成果展布展
	18:30—21:30	参赛队熟悉场地、试用设备
5 月 25 日	上午	开幕式
	全天	秘密答辩
5 月 26 日	上午	"挑战杯"竞赛交流活动
	下午	闭幕式暨颁奖典礼

决赛阶段最终日程安排以《决赛会务手册》为准。

第十六届"挑战杯"江苏省决赛评审规则
（参照"挑战杯"国赛评审规则制定）

一、评审原则

1. 评审侧重评审作品的科学性、先进性、现实意义等三方面。
2. 参赛作品涉及下述内容时，必须由申报单位提供有关部门的证明材料，否则不予评审。

动植物新品种的发现或培育，须有省级以上农科部门或科研院所开具证明；

对国家保护动植物的研究，须有省级以上林业部门开具证明（证明该项研究的过程中未对所研究的动植物繁衍、生长产生不利的影响）；

新药物研究,须有卫生行政部门授予机构的鉴定证明;

医疗器械研究,须有卫生行政部门授予机构的鉴定证明;

医疗卫生研究,须通过专家鉴定,并最好附上在公开发行的专业性期刊上发表过的文章;

涉及燃气用具等与人民生命财产安全有关用具的研究,须有国家相应行政部门授予机构的认定证明。

二、评审标准

1. 自然科学类学术论文作品评审标准:

科学性(占 40%):

科学意义	(15%)
研究方法合理性	(10%)
结论重要性	(15%)

先进性(占 30%):

先进程度	(10%)
创新程度	(10%)
难度	(10%)

现实意义(占 30%):

应用价值	(15%)
影响范围	(15%)

2. 科技制作 A 类和 B 类作品评审标准:

科学性(占 30%):

技术意义	(15%)
技术方案最佳化	(15%)

先进性(占 30%):

先进程度	(10%)
自主创新与难度	(20%)

现实意义(占 40%):

效益与可持续发展	(30%)
成熟程度	(10%)

3. 哲学社会科学类社会调查报告和学术论文类作品评审标准:

科学性(占 30%):

理论基础和研究方法	(10%)
论据的严密性与可靠性	(10%)
论据的正确性	(10%)

先进性(占 30%):

创新程度	(10%)
难易程度	(10%)
学术水平	(10%)

现实意义(占 40%):
经济效益与社会效益 　　　　　　　　　　　　(20%)
影响范围 　　　　　　　　　　　　　　　　　(20%)

3.12　江苏省"挑战杯"赛南京农业大学省赛

参赛学生准备比赛的现场。

3.13　江苏省"挑战杯"赛的表彰决定

关于第十六届"挑战杯"全国大学生课外学术科技作品竞赛江苏省选拔赛的表彰决定

各设区市团委、科协、教育局、学联,各高等院校:

　　按照《关于组织开展第十六届"挑战杯"全国大学生课外学术科技作品竞赛江苏省选拔赛的通知》(团苏委联〔2019〕13号)部署安排,2019年3月至6月期间,在全省各高校的积极支持和参与下,第十六届"挑战杯"全国大学生课外学术科技作品竞赛江苏省选拔赛(简称"第十六届'挑战杯'江苏省选拔赛")成功举办。第十六届"挑战杯"江苏省选拔赛共吸引来自全省125所高校的640件作品参赛,作品类别涵盖机械与控制、信息技术、数理、生命科学、能源化工、哲学、经济、社会、法律、教育、管理等多个学科。经资格审查、网络评审、现场评审,竞赛评审委员会最终评出特等奖作品67件、一等奖作品116件、二等奖作品148件、三等奖作品233件。40所高校获优秀组织奖。

　　希望各高校以"挑战杯"系列竞赛为龙头,不断完善机制、强化措施,进一步推进大学生科技创新活动和创业实践活动的深入开展,更好地为江苏高质量发展建设做出积极的贡献。

第十六届"挑战杯"江苏省选拔赛获奖作品名单

常州工学院
一等奖
    化工高盐有机固态危废综合治理新工艺
二等奖
    自锁式模块化生态砖
    高精度激光微位移检测装置及虚拟仿真平台
三等奖
    蓝光危害检测预警系统
    建筑垃圾轻物质干式分离装置开发
    安全高效模块化的智能停车装置

习题 3
简述"挑战杯"竞赛流程。

4 电类专业学科竞赛案例分析

本章提供的竞赛案例中绝大多数来源于企业实际生产需求，教师在实施项目的过程中联合企业申报各级各类项目以及各类奖项，同时也引导学生参与到科研项目中，并从中提炼出竞赛、专利、毕业设计和教学实践类内容，学生通过寻找与该内容相关的竞赛项目，积极参与并获得各类奖项。

4.1 第十六届"挑战杯"全国大学生课外学术科技作品竞赛江苏省选拔赛决赛

1) 题目

高精度激光微位移检测装置及虚拟仿真平台

2) 参与学生

刘宣君（电气学院）、袁畅（电气学院）、陈森（航空学院）、李果（电气学院）、肖知颖（电气学院）、华秀宝（电气学院）、许行（电气学院）、许兴鹏（电气学院）、徐雨果（航空学院）

3) 指导教师

陈功、许清泉

4) 作品内容

详细内容请扫书后二维码。

5) 教师感悟

"挑战杯"竞赛的意义不仅是学生之间的竞技比赛，目前更上升为全国高校之间科研实力和学生动手能力的大比拼。这项比赛涉及高校的排名、社会认知度，学生的获奖成果也直接影响其就业和读研。

学校团委自 2018 年 5 月起，广泛宣传，积极发动，前期进行了该赛事的申报和评选，最终遴选的项目在网上进行了公示，并安排了校外专家的讲座进行经验传授。

6) 学生感悟

刘宣君（2015 级　电气学院）

2019 年 5 月 26 日，由共青团江苏省委、江苏省科学技术协会、江苏省教育厅、江苏省学生联合会共同主办的第十六届"挑战杯"全国大学生课外学术科技作品竞赛江苏省选拔赛决赛在南京农业大学落下帷幕，常州工学院电气信息工程学院代表队荣获二等奖！

在我本科阶段最后一段学习生涯中参加了此次"挑战杯"，给我留下更多的经历和故事。还记得刚开始报名的时候，自己也是百般纠结，因为当时在准备研究生考试，但是又想万一没考上，自己参加一些高水平的比赛，毕业之后找工作可以多一些筹码，即使参加比赛不一定得奖，但是自己也想奋力拼搏一下，毕竟在这个过程中也能跟着老师学习很多东西。还好这个比赛和考研并不是很冲突，自己可以在复习考研之余还能准备比赛。

我是在大二下学期加入老师的实验室的。大一结束后，自己感觉对前途一片迷茫，不知所措，没有学到实实在在的东西，从同学那边了解之后就找到了陈老师实验室，希望跟着陈老师更进一步学习专业上的知识。进入老师实验室之后就开始跟着老师做项目，而且参加了相关的比赛，也获得了不错的成果，并且我还以第一作者发表了一篇论文。

大四上学期我参加了研究生考试，也报名了"挑战杯"比赛，研究生初试考完之后我就留在老师实验室专心地准备比赛。当时我们一个团队8个成员，每个成员都有自己要负责的一块，团队成员之间分工明确，并且寒假留校一周进行封闭式的学习，而且为了参加年后的比赛学校请了专家来对我们进行封闭式的培训。每一次都是模仿比赛时的场景，服装、礼仪、讲解PPT时的姿势，以及模仿专家评委提问题，每一个细节都很重视。虽然一周时间很短，但是我们实实在在地学到了很多东西。我还记得在那段时间每天都在讨论、修改PPT，隔一天就实战演练一次，然后再反复地对专家提出的意见修改，每天晚上都会留在实验室到很晚，反复地演练，虽然过程很辛苦，但这些都是很难忘的经历。

年后研究生考试成绩出来之后，成绩还不错可以去参加我所报名学校的复试。因为"挑战杯"比赛和复试相差近两个月的时间，所以我有足够的时间来准备复试，同时又不影响"挑战杯"的比赛。幸运的是，我顺利地被目标院校录取，接下来就是一门心思地扑到比赛上。临近比赛时，整个实验室都忙得不可开交，开始准备比赛要用的项目书、申报书和PPT，当时的情景到现在都还历历在目，每次修改项目书和PPT都到很晚，提交材料之后就是反复地演讲PPT，大脑里清楚地记得每张PPT里面的内容是什么，并且可以张口就来，甚至到最后可以不用想就可以讲出PPT中的内容。老师还在学院组织了一次大型的演练，在一个大的阶梯教室，有好多学弟学妹到场并且还有老师到场就是为了锻炼我的心态，做到不紧张，流利地将PPT以不快不慢的速度在一定的时间内讲解完毕，5分钟讲解PPT，不能超时，超时一切努力就白费了，讲得太快，专家就可能听不太懂，分数也可能会打低，所以PPT讲解时间的把控是非常重要的。

付出总会有回报，我们团队在这次比赛中获得了省二等奖，这是对我们团队最大的奖励，也是对老师指导的感谢，以及是对团委领导们对我们大力支持和帮助的感谢。经过这次比赛，我不仅学到了专业的知识，也明白了一个优秀的团队对项目的重要性。

7) 获得成果

第十六届"挑战杯"江苏省选拔赛共吸引来自全省125所高校的640件作品参赛，作品类别涵盖机械与控制、信息技术、数理、生命科学、能源化工、哲学、经济、社会、法律、教育、管理等多个学科。经资格审查、网络评审、现场评审，竞赛评审委员会最终评出特等奖作品67件、一等奖作品116件、二等奖作品148件、三等奖作品233件。40所高校获优秀组织奖。

4.2 "互联网+"大学生创新创业大赛省赛

1) 题目

第五届

沐光新农:生态科技筑梦乡村振兴

第六届

沐光新农:生态科技筑梦乡村振兴

"精精计较"高精度激光微位移检测装置

2) 参与学生

第五届

张宇(经管学院)、吴伟晨(经管学院)、袁鑫(电气学院)、徐圆圆(经管学院)、邰安雪(经管学院)、周芸(经管学院)、吴帅(电气学院)、王倩倩(经管学院)、陈淼(航飞学院)、钟金超(光电学院)

第六届

张宇(经管学院)、吴伟晨(经管学院)、袁鑫(电气学院)、王婧(经管学院)、周芸(经管学院)、韩奥(电气学院)、张婕(经管学院)、肖知颖(电气学院)、马驰宇(电气学院)、朱颖(电气学院)、王振刚(电气学院)、邰安雪(经管学院)、司维(经管学院)、殷歌(经管学院)、薛倩雯(经管学院)

3) 指导教师

第五届

徐霞、陈功

第六届

徐霞、陈功

4) 作品内容

只提供第五届作品内容,请扫书后二维码。

5) 教师感悟

创业类比赛不是电类专业学生和教师的专长,但是如果合理利用学校资源,跨界组合教师和学生团队,那就会取得意外的成就。笔者为经管学院的学生讲授"电工电子技术"课程,上课期间,提出了需要经管学生参加跨界竞赛的意愿,其中一名2017级工业班的学生张宇,主动提出并参与竞赛,其从创业角度融合了测厚和光伏两项实物类科技作品参与竞赛。经管学院徐霞老师有着丰富的创业创意方面的竞赛经验,学生邀请她加盟更加充实了团队的实力。

竞赛实施的过程是比较痛苦和烦琐的,比赛前期需要大量的与比赛作品相关的企业、农户走访和调研,科技类作品还需要诸如专利、奖项、论文以及其他比赛材料的支撑。经管专业的学生老师主要负责商业计划书的撰写,电气专业的学生主要负责成果的堆积,项目实施过程中需要不少的经费支持,两个二级学院的领导给了很多的支持,教师自身也需要投入不少的经费。创业类的比赛除了可以参加"互联网+"的比赛,也适合于创青春、电子商务创新创业创意比赛、光电设计类创业比赛,这是大家需要关注的。尽量参加一些相关的比赛,积累经验,若再能获得更多的成果,那就是一举多得的好事。

能够将实物类科技作品在创业比赛中进一步地延伸,满足了笔者"包圆"的愿望,更重要的是学生的付出终于也获得了相应的回报,能力得到提升,这才是比赛的真正价值所在。

6) 学生感悟

第五届

张宇(2017级 经管学院)

我在大二和大三期间,前后获得常州市创新创业大赛优秀入围奖、第九届大学生电子商务"三创挑战赛"江苏省三等奖、长三角"互联网+"一等奖、第五届中国"互联网+"大学生创新创业大赛江苏赛区三等奖,常州涉农产业青年创业大赛二等奖,"创青春"江苏青年创新创业大赛江苏省二等奖(第二名),常州市高等教育和职业教育创新创业大赛三等奖。在参与创新创业大赛的两年间,分别获得了市级和省级等多个奖项,下面我将这两年来创新创业大赛的历程与感悟与学弟学妹们分享。

  我从大二的上学期就开始对创新创业大赛产生了浓厚的兴趣,起初的原因是我有考研的想法,希望自己有一些含金量较高的比赛证书,能让自己在考研复试的环节脱颖而出。后来在2018年的11月份,我找到了电工电子课程的授课老师。在老师的组建下,经济与管理学院、电气信息工程学院开展创新创业合作,我们开始了柔性光伏温室大棚及其清洗装置的课题研究(后来项目名字改为:沐光新农:生态科技筑梦乡村振兴)。大二的寒假,我和我的团队成员开始了第一轮创业计划书的撰写。我们根据往年获奖团队的创业计划书以及针对项目本身产品的特点开始编写,刚开始我们什么也不知道,计划书毫无头绪,后来我们开始在网上搜索商业化的专有名词来了解它的意思,慢慢地将计划书一章节一章节地码上去。整个寒假大约40天的时间,我们从零开始,写出了一份34 000多字的计划书。2019年4月,常州市创新创业大赛开始了,于是我和我的团队也报名参加这次大赛。这是我们第一次参加比赛,第一次走上赛场。我还记得那天的比赛场地是在常州市的一个大酒店里,那天不光是大学生,还有很多常州市的龙头企业也来参加此次大赛,尽管我们在赛前准备了很多答辩的问题,但是结果可想而知,我们这群初出茅庐的大学生和社会上的企业组相比还是逊色很多,所以我们的第一次比赛也只是拿到了一个优秀入围奖。但是我们当时的心态并没有受到多大的打击,因为我们心里清楚我们确实跟他们不在一个水平,我们的主战场还是在教育部组织的比赛里面。2019年6月,教育部组织的全国大学生电子商务"三创"挑战赛开始了,这是隶属于学科竞赛评估里一级C类的比赛项目,含金量也算可以。在常州双创结束之后,"三创"开始之前,我们一直致力于修改计划书,完善产品的技术开发以及修改路演时所用的PPT。"三创"省赛之前有一轮校赛,我们相比于其他队伍而言很轻松地拿到了一等奖,并入围了省赛。省赛的地点在中国矿业大学徐州校区,大赛采用的是前一天晚上先抽签后分组答辩的方式,我们组抽到了C组的第三位(一组总共十个项目),相比于第一次参加的双创大赛,这一次我们有了经验也有了信心,所以在路演环节和答辩过程中我们几乎没有出现什么纰漏,但是还是很遗憾,我们只获得了省赛三等奖。后来我们总结了两点原因:第一是我们本身与电子商务没有太大关系所以项目很牵强;第二是专利部分大多以老师开头,并没有学生打头的专利,这是在目前创新创业大赛很忌讳的问题,评委对谁是第一发明人这个问题还是很看重的,他们希望是学生在参与这个比赛,而不是拿着老师的项目来参赛。后来暑假里我们前往宁波参加了长三角"互联网+"比赛,但是那一次由于时间冲突我并没有去参赛,比赛结束之后我的队友很高兴地打电话跟我说项目获得了一等奖。大二下学期开始,我们重点瞄准中国"互联网+"大学生创新创业大赛,因为这是教育部举办的含金量最高的比赛,当时的获奖数据是:江苏省4万多个项目最终只有不到500个能获奖,所以我们都不敢放松警惕。那段时间我们全面升级项目,完善计划书和路演PPT,甚至和周边地区以及学校产学研合作的农业公司进行合作。这项比赛分为校赛环节、网评环节和终审答辩环节,在校赛环节我们很轻松地拿到了一等奖的成绩,并获得了省赛资格,于是我们向官网提交了商业计划书,等待网评结果。我记忆犹新的是那天正逢端午节,我和老师都没有回家而是在办公室忙着修改计划书,最终我们获得了江苏省赛三等奖,那时候对于我们来说算是一个很大的安慰。暑假里我们又参加了常州市涉农产业青年创业大赛,我们与全江苏省各大农业高校的项目展开较量,最终经过网评、初赛、复赛、决赛环节,我们获得了二等奖,这也为我们后来参加江苏省创青春大赛埋下了伏笔。在大三开学时,常州市共青团委联系到我们,说因为我们在涉农大赛中获奖,希望我们代表常州去参加江苏省创青春大赛,我们当时很高兴获此殊荣,于是欣然前往。大赛在江苏泰州举行,当天晚上我们入住酒店之后就开始了抽签环节,我们当时抽到的是农业农村创新组第12位(一组总共12个)。当时我们的心态很好,而且我们观察到周围参赛者所带的计划书都没有我们胶装得好,我们当时是所有参赛队伍里面唯一一个带了项目产品的,所以我们很轻松地上阵,最终获得了该组的第二名,遗憾地与第一名失之交臂。

参加创业大赛一般来说需要先有一个很好的创意,因为是创业大赛,所以既可以是一个科研成果、技术,也可以是商业模式的创新等,其最终目的都是盈利。如果是一个科研成果,那么你需要寻找一些经济管理方面的同学对这个科研成果做市场分析,将它推广并卖出去,形成产品。它也要求你的产品是具有市场前景的,产品的天花板要尽可能的高甚至无法估算,且具备发展潜力。计划赛虽然名字上有"计划"两个字,似乎只是一个创意就可以,但实际上仅凭计划上的可行而实际没有做出一定成果、产生一定收益的话几乎是不可能晋级的。在认识到这个原因之后,我们在暑假里成立了自己的公司。

其次是要有一个团队,真正的创业不是一个人单枪匹马就能成功的。就参加创业大赛而言,团队中应该要包含技术人员、设计人员、营销人员等。参加创业大赛一般还需要有优秀的指导教师,有参赛经验的指导教师可以在你参加大赛的过程中对你的商业计划书、PPT、路演等方方面面进行专业的指导,使你在大赛中更加得心应手,而不至于因为遇到种种没有预料到的情况而惊慌失措。

当具备了一定的硬实力后,剩下的就是在比赛过程中能让你的项目脱颖而出的必要准备了。商业计划书首先要厚实,要进省赛、国赛一般得有100多页,其次要简洁美观、图文并茂、排版整齐,虽然说要100多页,但不能为了凑字数而啰唆重复,语言文字要尽量精简,多用数据说话,多用图表,且图表风格应该统一,与计划书的主题色相搭。此外,主题色不应太亮,亮色看着刺眼而且打印效果差。最后就是要美观、精益求精,要有一张精心设计的封面,能突出产品特色,以及好看的目录和简洁美观的计划书框架,对于文字方面要做到尽量不出现错别字、没有语病,字体大小、缩进等都需要特别注意。我们的项目计划书最终定稿是300多页,总计达到7万多字。

大赛的周期很长,全程下来需要至少一年半的时间,所以像商业计划书这些东西并不需要也不可能从一开始就做到完美,只要你的项目有特色有前景,能成功通过校赛,校团委就会不断请专家来对你的计划书进行专业指导,然后自己再逐步修改完善。此外,"创青春"大赛在省赛以及国赛前都允许人员更换,所以参赛团队成员也并不是从一开始就要固定下来的。刚开始也不一定要十个人全部招满,可以留一点空位,当在参加省赛、国赛的时候如果需要有其他专业特长的同学时就可以直接招进来。如果后面有的成员没有时间投入比赛的话也可以寻找其他有能力有时间的同学替换。

我们当时的计划书也是修改了无数次的,但省赛前的计划书还很不饱满而且结构不对,而当时又离网申提交仅剩几天时间,所以经过团委那边请的专家指导并提出修改意见后,我们最后连夜才将计划书赶了出来。不然如果省复赛没有通过,那我们就连路演的机会也没有了,也就不可能拿奖了。后面的省决赛、国赛网申、国赛路演这几个阶段中我们又对计划书进行了一次又一次的修改。计划书方面除了平时一次又一次的修改外,印象最深的就是打印计划书的时候。虽然每次计划书都已经修改好了,但是到了打印店一检查发现还是有错,然后就又不断辗转于改错之中,出了一个又一个的"终版",却一次又一次地继续修改,从早上一直弄到傍晚,直到看到最终计划书打印出来检查无误后我们才松了口气。

还有就是PPT。一份简洁大方的路演PPT也会为你的比赛增色不少。PPT方面则要求突出重点。PPT是商业计划书的浓缩版,主讲人要做的就是通过PPT将自己产品的优势、商业模式等通过语言的形式在短短的10分钟内讲出来、讲清楚。而要将百来页的商业计划书浓缩成一二十页的PPT却并不容易。此外,PPT的一般要求就是不能有大段的文字,文字要精简且字号足够大,尽量用短语而非句子,少用文字而多用图表,以数据说话等。在介绍自己产品的时候,要尽量做到扬长避短,优于竞争对手的方面要着重表现,而不足之处就简要带过或者不提。PPT的简洁对主讲人的演讲水平提出了很高的要求。首先主讲人必须脱稿,而且在路演过程中要尽量做到如数家珍,语音、语调等一切细节都十分注意,这样才能收到满意的路演效果。

当然,进了省赛以后校团委就会不断找校内有经验的老师或者是校外的专家来对PPT、路演情况等进行点评,提出修改建议。虽然精益求精的过程会十分烦琐,但只有这样才能在省赛中斩获好成绩。

最后"互联网+""创青春"这些创业大赛的受众面很广,包括本科、硕士生、博士生,甚至毕业五年以内的大学生都可以参加,而且有些参赛者其知名度很高,这就大大增加了获奖的难度,竞争异常激烈。所以如果有想参加这些大赛的同学可以先组建自己的团队以及寻找指导老师,然后慢慢地将产品做出来并完善,在这期间可以先试着参赛积累经验并就评委的意见对产品进行完善,持之以恒,最终一定能收获想要的结果。如果有机会也可以试着加入已有的创业团队,站在有一定高度的起点上去触碰成功也许可以达到事半功倍的效果。

其实不管是创业大赛还是其他的专业竞赛、学科竞赛,如果自己有能力有兴趣都可以多参加。在参赛过程中我们可以认识到很多优秀的同学,见识到很多出彩的项目,开拓自己的眼界,增加自己的参赛经验,同时提升自己各方面的能力。参加大赛就是展示自我并发现自己不足的一个过程,所以无论最终结果如何,能多尝试多经历就是一个最大的收获。趁着年轻,多去经历,多去感悟,总是没错的。

吴伟晨(2017级　经管学院)

当下社会的竞争非常激烈,许多毕业的大学生都面临巨大的就业压力,学校以及学院为了使同学们能够在严峻的社会就业压力下具备一定的竞争力,也间断地举办了各种与创新创业相关的比赛。

也许是源于兴趣,或者是对创业的好奇,我和同窗两年的好朋友报名参加了校级的创新创业大赛。万事开头难。我们在讨论研究项目的过程中总是出现分歧,好不容易确定了项目方向,找指导老师又是十分艰难。在没有任何经验和过来人的指导下,我们只能靠自己,靠百度,靠创新创业相关的书籍,一点点写下属于我们的第一份只有几千字的计划书。可能是我们的坚持打动了老师,老师接受了我们,为我们的项目进行指导。

我们经历的第一个比赛就是常州双创(常州市创新创业大赛),之前连篇累牍的计划书肯定需要不断精化。在老师的指导下,我们团队每萌生一个小小的想法就及时去百度查阅相关资料,又从资料中获取新的想法和查阅其中未知的信息。这边需要着重讲下项目团队的组建。组建团队时要充分考虑各成员的资源互补和优势组合。一个团队的成员一定要具备一定数量的专业人才,如精通财务知识专业的队员、拥有管理才能的队员、熟练掌握计算机技术的队员。比赛前认真地准备路演的 PPT 和讲稿,一遍遍地修改、对词和背词。我们终于迎来了第一次登台,我作为项目的路演人,先开始了 8 分钟的陈述,还好准备足够充分,没有断句。陈述完就是答辩环节,第一次面对评委的提问还是非常紧张的,很多问题都是新型问题,没有准备过,我们只能临场发挥,出现了很多不完美的回答。答辩环节一定要听清评委询问,作答时学会先讲清楚项目的优势,不能否认、逃避评委的问题等。第一次参赛因经验不足加上和很多企业家同台竞技,我们只获得了常州双创的入围奖。

接着就是参加校级的"三创"(全国大学生电子商务"创新、创意及创业"挑战赛),由于计划书的脱颖而出加上准备充分的路演,我们进入了矿大举办的"三创"省赛。"三创"注重的是电子商务、平台的研发、线上的销售等,而我们的项目是有关农业科技类的,在线上推广和平台推广上有很大的劣势,因此获得了省赛三等奖。虽然没有获得很好的名次,但是我们依然会将项目坚持到底,以实际行动来证明团队和项目的真正价值。

接下来就是参加中国"互联网+"大学生创新创业大赛,这是现在排名第一的创新创业大赛,水准高、竞争强,还有高挑战性。通过之前比赛的沉淀,我们有条不紊地进行赛前准备,但是在上交计划书前还是遇到了一些问题,如缺少一些市场调研和案例,我们又熬夜改计划书,在"互联网+"这样的比赛上我们要明确"你是为什么参赛",因为这不同于其他的创业比赛,"互联网+"需要最后落实到具体的项目上,而非纯粹的空想和不切实际的创意。我们团队从农业方面入手,将自动化和大数据与传统大棚农业相结合,并且加上了柔性光伏板,实现项目产品光伏温室大棚一体化自动化运营,为农户和乡村振兴的城镇提供更便利高效的保障。赛前还去了很多大棚基地进行实地调研,将我们的项目产品进行落地,一点点照着参赛指南和一些指导意见完善项目计划书,最终获得了"互联网+"大学生创新创业大赛江苏赛区三等奖。这场比赛我们也接触到了相类似的项目,提高了对光伏以及农业大棚的关注度,了解到了最新的前沿科技,丰富了我们的知识,增长了见识。

最近的一场比赛就是"创青春"省赛了,我们作为常州代表队参加了农业农村创新组,和我们同台竞技的都是江苏省各市级政府推送上来的农业相关项目。我们作为学生有路演的优势,在此之前常州市政府还给我们找了专业的创业导师进行培训。第一次面对创业导师,心里非常紧张,说不出话来,一个又一个犀利的问题问得我哑口无言。创业导师一点点指引我将项目梳理了一遍,并对我的路演 PPT 和讲稿再一次进行了修改,因此我在"创青春"的赛场上十分自信,面对评委将自己的项目进行了非常完美的陈述,并获得了第二名的好名次。

我们团队也对各类比赛进行了总结,所有的创新创业比赛都有它们各自的侧重点,例如"常州双创"侧重的是项目落地;"三创"侧重的是电子商务、平台和线上推广;"互联网+"侧重的是经济效益和社会效益等。第一年参加这样的创新创业比赛以积累经验为主,我们慢慢地成长,团队成员一起努力过,付出过,收获过,这一切就值得!希望还能多参加这样的创新创业比赛,我也相信下一次我们一定能将团队和项目的价值证明得更好。

袁鑫(2018 级　电气学院)

中国"互联网＋"大学生创新创业大赛(以下简称"互联网＋"大赛)是纳入高校排名比赛中排名第一的比赛,和全国大学生电子商务"创新、创意及创业"挑战赛一样,都属于创新创业类的比赛,但是侧重点不同,"三创"赛主要侧重于创意和创新,而"互联网＋"大赛则侧重于创业,也就是说项目要将想法落地,难度更大。"互联网＋"大赛的竞争十分激烈,第五届大赛省内共有138 所高校和 71 所中职校的 4.2 万支团队近 16.8 万人次报名参赛。

我们团队以"青年红色筑梦之旅"赛道进行参赛,其主要引导大学生为乡村振兴、新农村建设、实现红色革命基地富裕、精准扶贫解决"三农"问题、社会公益发展等开展创新创业活动,其关注点是实效、团队、持续性与创新性。光伏温室大棚恰恰与"三农"问题有关,项目团队就开始着手于项目的落地工作。在老师的带领下,我们前往常州春秋农业设施有限公司、常州帅煜农业科技有限公司等多家农业公司进行了调研与合作,签了多份合作协议。同时,为了能够使项目产品更好地适应实际的生产需要,我们对产品进行了三次升级,逐步增加了光伏板移动装置、水循环系统及喷灌、滴灌设备等装置,实现了大棚功能的多样化和全面化。一个好的想法,便能让项目向好的方向前进。接下来就是团队成员都必须结合自己专业特点,各施所长,积累大量资源和经验。

我从 2018 年 10 月加入老师的创新团队,"三创"赛(第九届全国大学生电子商务"创新、创意及创业"挑战赛)是我上大学以来参加的第一个比赛。正是在经历了这场比赛后,我真正地从一个高中生完成了到大学生的角色转变。大学的比赛不像高中阶段的奥赛,并不是仅仅靠个人能力就能取得好的结果,大学的比赛更注重团队的合作。

该比赛为创业类型的比赛,前期需要有三个方面的准备:一是项目策划书,二是项目幻灯片,三是上台答辩。首先有没有写好项目策划,才是你能否进入比赛答辩环节的必要条件。我们便依托实验室搭建出的柔性光伏温室大棚进行撰写,由于我是一名工科专业的学生,自然就负责计划书中的技术部分。虽然在此之前从未接触过光伏温室大棚,不过在老师的指导下,我慢慢熟悉了大棚的原理及工作流程。陈老师为我们的团队提供了整体的框架和理论构思,同时我们也参考了往年获得大奖团队所编写的计划书,就这样与几位经管学院的同学,历经大半年准备,团队一次又一次集中开会讨论分析项目所存在的问题与不足以及改进的措施。随着对大赛越来越深入的了解,我们又根据大赛的侧重点再次对计划书的结构进行了修改,使之更加贴合大赛的主题,同时也更加详细具体地叙述了项目产品的特点。

比赛答辩是项目陈述与评委提问,这很关键。大赛现场展示是结合幻灯片进行答辩。在一定程度上,幻灯片在现场答辩时的作用要比计划书的作用大得多。在 6 分钟的时间内,幻灯片要尽可能多地展现出项目的内容,并且要突出项目的创新点和关键技术。除此以外,要尽量使用示意图、流程图、结构图等图表的形式才能在有限的时间内给专家留下深刻的印象,提升好感。介绍完毕后就是专家提问的环节,这个环节切忌冷场,回答问题不能前后矛盾,千万不能让评委老师觉得不真实。所以,在比赛前,我就去请教以前负责此项目的学长在答辩时可能会问到的问题。我总共列出了 50 多个问题,并且将其熟记于心。就这样经过整个团队的分工合作和不懈努力,我们最终获得了江苏赛区三等奖的成绩。

第六届

朱颖(2018 级　电气学院)

很荣幸能在老师的带队下和其他同学组队参加了"互联网＋"和"三创"赛,参与了本次作品的团队网站制作和计划书附录整理以及其他相关任务。"互联网＋"和"三创"赛主题和电子商务有关,因此需要实现线上出售的功能。制作网站的过程中遇到了很多问题,由于我并没有学习过制作网站的开发语言,因此选择在现有的网站制作平台基础上制作。

这个过程中我参考了其他企业的官网,例如大疆官网,学习到各个模块之间如何排版,参考了主流网站的动态效果和风格,使项目的官网更具备可观赏性。此外,网站的制作过程中还涉及了很多图片的处理,这里我使用的是 PS 和 LR 这两个软件,在之前的基础上根据处理需要逐渐地学会了更多的图像处理。项目制作过程中虽然会遇到各种问题,但是可以多去参考别的案例和查询解决办法,请教别人也是不错的选择。本次比赛让我充分认识到,解决问题必须要发挥自己的主观能动性。在以后的学习过程中遇到问题,我会不断地通过解决问题积累更多经验,学到更多知识。

王振刚(2018 级　电气学院)

我有幸参加了这次的"互联网＋""三创"赛,这次竞赛让我受益匪浅。我们的项目名称为"高精度微位移在线检测装置及配套虚拟仿真教学网站"。作为研发组的一员,我负责的是设备运行程序的开发和编写以及售后的服务和维修工作。"互联网＋""三创"赛的主题和电子商务有关,为此我在队友所制作的官网的基础上制作了我们项目的公众号,以此来提升本产品的知名度,并在公众号上提供网站的链接。

本次比赛让我充分认识到团队协作的重要性,感谢有这次机会能够参与这次比赛,不过成绩只属于过去,我会更加兢兢业业地学习,充实自己的大学生活。

7) 获得成果

第五届

省教育厅联合省委统战部、省委网信办、省发改委、省科技厅、省工信厅、省人社厅、省商务厅、省生态环境厅、省农业农村厅、省扶贫办、团省委、省科协等部门于 2019 年 4 月至 7 月举办了"互联网＋"大学生创新创业大赛第五届"建行杯"国赛选拔赛暨第八届"花桥国际商务城杯"省赛。全省高校高度重视并精心组织,经校级初赛、省级复赛和省级决赛,高教主赛道共评选出一等奖项目 40 个、二等奖项目 99 个、三等奖项目 133 个,最佳创意奖、最具商业价值奖和最具人气奖各 1 个,高校优秀组织奖 20 个,优秀指导教师 103 名;"青年红色筑梦之旅"赛道评选出一等奖项目 20 个、二等奖项目 33 个、三等奖项目 79 个,精准扶贫奖、乡村振兴奖和网络影响力奖各 1 个,高校优秀组织奖 22 个,优秀指导教师 57 名;职教赛道共评选出一等奖项目 20 个、二等奖项目 57 个、三等奖项目 131 个,最佳带动就业奖 1 个,高校优秀组织奖 20 个,优秀指导教师 54 名。

第六届

省教育厅联合省委统战部、省委网信办、省发改委、省科技厅、省工信厅、省人社厅、省商务厅、省生态环境厅、省农业农村厅、省扶贫办、团省委、省科协等部门于2020年6月至8月举办了"互联网+"大学生创新创业大赛第六届"建行杯"江苏选拔赛暨第九届"花桥国际商务城杯"省赛。全省高校高度重视并精心组织,经校级初赛、省级复赛和省级决赛,高教主赛道共评选出一等奖项目62个、二等奖项目113个、三等奖项目136个,最佳创意奖、最佳带动就业奖、最具商业价值奖和最具人气奖各1个,高校优秀组织奖21个,优秀指导教师175名;"青年红色筑梦之旅"赛道共评选出一等奖项目27个、二等奖项目52个、三等奖项目88个,逐梦小康奖、乡村振兴奖、社区治理奖和网络影响力奖各1个,高校优秀组织奖22个,优秀指导教师80名;萌芽赛道共评选出优秀项目10个、入围奖项目20个。

4.3 第十一届"挑战杯"江苏省大学生创业计划竞赛

1) 题目

沐光新农:生态科技筑梦乡村振兴

2) 参与学生

吴伟晨(经管学院)、张宇(经管学院)、袁鑫(电气学院)、周芸(经管学院)、王婧(经管学院)、张婕(经管学院)、韩奥(电气学院)

3) 指导教师

徐霞、张兵、陈功

4) 作品内容

(1) 项目简介

目前,优质高效农业已经成为现代化农业的发展方向。光伏温室大棚是利用传统农业大棚棚顶进行太阳能发电,棚内发展高效生态农业的综合系统工程。常州沐光农业科技有限责任公司于2019年7月29日正式成立,是一家致力于生产建造智能化农业生产温室的农业科技有限公司,主营产品为智能化光伏温室及其特有的农业生产实时监测智能决策云平台,在国内相关智能温室领域处于领先地位。通过科技成果转化,对常州孟河、黔东南麻江等地温室蔬果种植地覆盖智能化温室,实时监测作物生长过程,及时预防作物死亡,亩产增倍,带动当地经济发展;全面提升产品价值,并带动当地种植业、特色食品业、相关第三产业等多产业联动,为当地人民提供更多的就业岗位和收入来源,从而推动地方经济文化发展。项目拥有发明专利12项,授权2项,已有1项专利技术实现产业化。项目致力于改善县乡生产模式,打造绿色优质生产链条,建立温室生产相关产业,建设智能温室品牌县。已培养麻江、孟河当地人才项目不少于 2 个,专业技术人员不少于 20 人,孵化企业 3 家,提供就业岗位 300 余个,创造税收 750 万元,人均增收 1 000 元,农民人均纯收入增长 10%,推动当地发展为创新农业大县。我们创新,务实,守正有为,致力于农业科技化,让生产低碳化,让科技产品惠及每一位农户。

(2) 社会价值

项目团队目前和江苏春秋农业设施有限公司进行合作运营推广,经过×××公司将产品推广给了五家农业公司,产品也给农业公司带来了一定的经济效益。团队还和史墅村进行了产品试点,给村民带来了更大的利润。通过科技成果转化,对常州×××、×××等地温室蔬果种植地覆盖智能化温室,实时监测作物生长过程,及时预防作物死亡,亩产增倍,带动当地经济发展;全面提升产品价值,并带动当地种植业、特色食品业、相关第三产业等多产业联动,为当地人民提供更多的就业岗位和收入来源,从而推动地方经济文化发展。项目拥有发明专利 12 项,授权 2 项,已有 1 项专利技术实现产业化。项目致力于改善县乡生产模式,打造绿色优质生产链条,建立温室生产相关产业,建设智能温室品牌县。已培养×××、×××当地人才项目不少于 2 个,专业技术人员不少于 20 人,孵化企业 3 家,提供就业岗位 300 余个,创造税收 750 万元,人均增收 1 000 元,农民人均纯收入增长 10%,推动当地发展为创新农业大县。

(3) 实践过程

作为一个农业大国,现在的决胜小康最艰难的任务就在农村,最需要突破的短板也在农村,所以沐光团队以"让科技产品走进每一位农户"为使命,初步规划在三年内合作建设出属于沐光科技有限责任公司的光伏大棚基地,力争五年内完善好项目产品的市场。项目组凭借团队的发展理念制定了 2020—2024 年的五年发展规划,并简要阐述了每年的目标。

产品升级(2019 年):2017 年已开始实验室产品的研发,2018 年根据实验室效果对产品进行了改造,2019 年基本完成产品开发和定型生产并投入实际应用。

市场推广(2020—2022 年):继续根据客户需求对产品进行迭代,并通过刚成立的公司进行产品销售,实现边研发边更新产品。首先开发江苏市场,重点在江苏常州、南通等区域。

市场完善(2022—2024 年):加大品牌宣传推广力度,进一步提升研发能力和生产能力,服务能力跟上企业不断增长的需求,严把产品质量关,进一步完善公司运行管理机制。并且加入刚刚起步的鱼光互补的理念,拓展海外渠道。

(4) 创新意义

①高效利用太阳能资源。利用柔性太阳能板可弯曲的特性,可贴合覆盖在大棚表面,最大效益利用太阳能资源。余电实行并网销售,增加经济效益。

②热斑高效检测。方法一:利用无人机搭载 GPS 定位模块、工业 CCD 相机、红外线热成像相机对柔性光伏板进行热斑检测,并将数据实时传输至服务器中,通过软件对无人机采集的数据和图像进行分析,准确定位热斑位置。方法二:采集光伏板晶体的电压电流变化情况,分析数据,计算出电流、电压异常位置,定位热板位置。

③自动清洗,节省人力和水资源。根据热斑检测的数据,利用鹅颈管弯曲支架毛刷、水管和电磁阀门构建喷水装置和清洗装置,控制电磁阀门和水泵使水流冲洗产生热斑的光伏板,节省人力资源和水资源。

④远程控制。利用 Labview 软件开发虚拟仪器控制平台,并将其嵌入服务器中,利用其联网的功能,结合服务器中收集到的数据,在 PC 端、移动端等多平台远程控制,实现足不出户、随时随地的自动检测和清洗功能。

(5) 发展前景

在农业生产实践过程中,为了实现一地多用,提高单位土地产出率,在农业经营设施如温室大棚的基础上科学设计、合理嫁接光伏。目前的光伏温室大棚能够通过种植业、休闲观光农业等实现"农业经营与光伏发电两不误",将太阳能资源利用与土地资源利用有机结合,推动农业结构调整、推动新能源资源开发利用。我国商品化温室普及率很低,受生产成本等条件制约,温室主要被一些机关团体、军队农场和科研单位采用很少被个体及一般农民采用,普通农户大多采用自建的简易拱棚进行作物生产,约占我国温室总量的 60%以上,智能大棚占 15%～40%。近年来温室大棚的成交额在 200 多亿元人民币,而智能化大棚还没有全面推广,只占其中的 15%。智能温室未来发展将是趋势,随着科技的不断进步,利用现代化的温室种植农作物将是必然,温室可以使土地利用率提高,节省人工,生长环境不受外界因素影响,可以使农作物全天候生长。综上可知,项目产品具有很大的市场前景。目前,国内光伏温室大棚市场巨大,超过 200 亿元人民币,该产品目前处于技术绝对领先、市场迫切需求的地位,市场上还未有出现同类型的竞争产品,这充分保障了该产品的市场占有率和持续发展能力。

(6) 团队协作

项目负责人:处理项目团队的日常经营事务,协调各部门之间的工作,组织实施项目团队年度经营计划和投资方案;拟订项目团队内部管理机构设置案;拟订项目团队的基本管理制度;制定项目团队的具体规章;聘任、解聘、调配项目团队副总及以下各阶层工作人员。

技术研发小组:负责项目团队新产品开发及新工艺、新技术的研究和运用;负责核心技术的完善,不断地进行技术创新。

市场营销小组:实时收集市场信息,分析市场消费趋势和市场格局,做好市场分析、公共关系、销售等相关工作,一方面组织现有市场及潜在市场的调查、研究并及时反馈市场信息,另一方面负责销售方案的策划、执行及管理,制定项目团队的营销策略和措施,并对营销工作进行评估和监控,包括市场分析、形象设计、公共关系、销售、客户服务等。

财务小组:对项目团队经营活动提供全过程的财务服务和监督,保障项目团队经营活动正常顺利地进行,包括项目团队的融资决策、投资决策、资本结构确定、利润分配原则的确定等;管理项目团队日常的会计和税收工作。

5) 教师感悟

由于疫情原因,2020 年上半年,项目的实施遇到了前所未有的困难,比如企业调研、学生返校、专家推荐、团队研讨、计划书撰写。从线上到线下,从校外到校内,项目进行中的困难是无法用三言两语来描述的。值得庆幸的是,在学校各级部门的支持以及指导教师和两个学院学生的共同努力下,该项目最后的竞赛结果也达到大家预期目标。毕竟省内竞赛异常激烈,一些很难达到的指标依靠学生和老师去完成也是不现实的。该比赛也实现了电气学院在该项赛事"零"的突破。

6) 获得成果

第十一届"挑战杯"江苏省大学生创业计划竞赛铜奖名单(普通本科)

学校	项目名称
常州工学院	沐光新农:生态科技筑梦乡村振兴

4.4 TI 杯全国大学生电子设计竞赛江苏赛区

1) 题目

纸张计数显示装置

2) 参与学生

胡文耀(电气学院)、甄家齐(电气学院)、彭梦菲(航空/机械学院)

3) 指导教师

黄亮、郑仲桥

4) 作品内容

2019 年全国大学生电子设计竞赛试题

参赛注意事项

(1) 8月7日8:00竞赛正式开始。本科组参赛队只能在[本科组]题目中任选一题;高职高专组参赛队在[高职高专组]题目中任选一题,也可以选择[本科组]题目。

(2) 参赛队认真填写《登记表》内容,填写好的《登记表》交赛场巡视员暂时保存。

(3) 参赛者必须是有正式学籍的全日制在校本、专科学生,应出示能够证明参赛者学生身份的有效证件(如学生证)随时备查。

(4) 每队严格限制3人,开赛后不得中途更换队员。

(5) 竞赛期间。可使用各种图书资料和网络资源。但不得在学校指定竞赛场地外进行设计制作。不得以任何方式与他人交流,包括教师在内的非参赛队员必须回避。对违纪参赛队取消评审资格。

(6) 8月10日20:00竞赛结束,上交设计报告、制作实物及《登记表》,由专人封存。

纸张计数显示装置(F 题)
[本科组]

一、任务

设计并制作纸张计数显示装置,其组成如图1所示。两块平行极板(极板 A、极板 B)分别通过导线 a 和导线 b 连接到测量显示电路,装置可测量并显示置于极板 A 与极板 B 之间的纸张数量。

图 1　纸张计数显示装置组成

二、要求

1. 基本要求

(1) 极板 A 和极板 B 上的金属电极部分均为边长为 50 mm±1 mm 的正方形,导线 a 和导线 b 长度均为 500 mm±5 mm。测量显示电路应具有"自校准"功能,即正式测试前,对置于两极板间不同张数的纸张进行测量,以获取测量校准信息。

(2) 测量显示电路可自检并报告极板 A 和极板 B 电极之间是否短路。

(3) 测量置于两极板之间 1~10 张不等的给定纸张数。每次在极板间放入被测纸张并固定后,一键启动测量,显示被测纸张数并发出一声蜂鸣。每次测量从按下同一测量启动键到发出蜂鸣的时间不得超过 5 秒,在此期间对测量装置不得有任何人工干预。

2. 发挥部分

(1) 极板、导线均不变,测量置于两极板之间 15~30 张不等的给定纸张数。对测量启动键、显示蜂鸣、测量时间、不得人工干预等有关要求同"基本要求(3)"。

(2) 极板、导线均不变,测量置于两极板之间 30 张以上的给定纸张数。对测量启动键、显示蜂鸣、测量时间、不得人工干预等有关要求同"基本要求(3)"。

(3) 其他。

三、说明

(1) 被测纸张一律为 70 g 规格的 A4 复印纸,极板 A、B 电极接触被测纸张的具体位置不限。测试时使用测试现场提供的同规格纸张。

(2) 极板 A、B 可用金属板材制作,也可用双面覆铜板(简称双面板)制作。双面板的一面加工出边长为 50 mm±11 mm 的正方形覆铜电极板,另一面允许有用于焊接导线 a、b 的过孔焊盘与引线,不允许有覆铜面网。禁止用多层板制作极板。

(3) 极板 A、B 与导线 a、b(信号线)必须为二线制平行极板结构,每块极板的电极只能连接一根信号线;导线 a、b 的线缆类型与排布方式不限。极板、导线不符合上述要求的不予测试。

(4) 参赛者自行设计极板与纸张之间的结构,使两极板能压紧或夹紧被测纸张,该结构不得增加电极板面积;极板 A、B 与导线 a、b 部分不得安装或连接元器件、其他传感器或量器,否则不予测试。

(5) "自校准"应在测试前的作品恢复准备阶段完成,开始测试后不得再进行"自校准"操作。

(6) 每次开始测量只能按同一个启动键(只能按一次),完成测量时发出蜂鸣音并显示锁定的被测纸张数,无法锁定显示纸张数的不得分。

四、评分标准

	项目	主要内容	满分
设计报告	系统方案	比较与选择,方案描述	4
	理论分析与计算	测量原理分析计算,抗干扰分析,误差分析	6
	电路与程序设计	电路设计,程序设计	4
	测试方案与测试结果	测试方案,测试结果完整性,测试结果分析	4
	设计报告结构及规范性	摘要,正文结构,图表规范性	2
	合计		20
基本要求	完成(1)(2)		5
	完成(3)		45
发挥部分	完成(1)		40
	完成(2)		5
	其他		5
	总分		120

五、比赛作品

请扫书后二维码。

5) 学生感悟

胡文耀(2017级 电气学院)

全国大学生电子设计竞赛是团队赛,由三名参赛队员和两名指导教师组成。既然是团队赛,那必须要一个团队的配合,三个人要合理分工,我们当时的分配是:我负责软件,另一个男生负责硬件,还有一个女生负责写论文。

我是电子信息工程专业的,2019年参加的全国大学生电子设计竞赛(以下简称"电赛"),8月7日开始,奋战四天三夜,最后有幸获得江苏赛区的一等奖。

第一天早上8点钟官网发出比赛试题,这里简单介绍一下:本科组有8个题目可供选择,高职高专组有3个题目可供选择,其中高职高专生可以选择本科组的8个题目,但本科生仅可选择本科组的题目。

试题发布出来之后开始选题,我们先排除那些因硬件条件无法完成的题目,把几道可行的题目都打印出来,然后仔细分析题目背后的用意。在纸上草拟一下大致的设计思路,如何实现题目要求的基本功能,都需要哪些电子元器件,回忆前期准备的东西有没有能够用得上的。最终确定了参赛题目之后,我开始把程序底层框架搭起,然后是显示模块、按键模块等。

第二天老师觉得我的显示字符太小了,需要改大,原本在我备赛的时候就准备好的显示模块程序在老师的要求下又花费了半天的时间来调整。

这里分享一位前辈的经验:显示界面设计要方便你我他,自己要知道目前程序运行到哪了,同时屏幕最好选用大屏,用大字,方便资深评委观察及评分,屏幕显示不用华丽,整洁清晰为上。现在想来这就是当时让我把显示字符调大的原因了。然而因为第一次参加"电赛"没有经验,在显示问题上白白浪费了半天时间实在不应该,希望后来者别像我这样。

调试人机操作界面最重要,使用者通过按键实现对单片机的控制且屏幕能够有相应的显示,这是很耗时间和精力的,是对逻辑思维和编程技巧的考验,设计时我遵从的是合理、简洁的原则。

正所谓硬件先行,硬件没做好,做软件的就会受限。硬件做得好,软件也会轻松不少。主要硬件完成后,我就开始了核心程序的编写和调试:一个是测量频率,并将测量的数据和实验建立的模型数据比对,最终确定纸张的数目;一个是根据题目要求作品要有自校准的功能。第三天结束,我另一个队友负责的论文基本完工,我的软件也大体完工。

第四天,软件框架不再改,论文继续完善,软件继续检测和升级。

虽然软件大体完工,但算法仍需改进,记得当时我和负责硬件的队友一遍遍测试、记录,从中发现问题,完善程序,抱着求稳的心态,确保基础分是可以拿到的,然后在此基础上不断优化。最后一天容易突然有新的理解或者想法,一定要冷静衡量好时间是否充足。如果要改记得做好备份。

"电赛"持久战的最后环节是封箱,因为比赛结束之后作品是由汽车运到评审地点的仓库,途中可能发生颠簸,甚至还有被倒放的可能,所以"电赛"前就要准备好气泡膜、气柱袋、泡沫垫等,封箱时箱子上面也不要留有空隙,必要时用胶带固定,防止作品倒放导致重物压坏硬件。

当时我们的作品就被倒放了,还好在拆箱时经过检测毫发无损。现在感慨,幸运的背后是封箱时的细心,而忘记做记号又是细节上的疏忽。

第四天即8月10日20点,竞赛结束,在此之前上交设计报告、制作实物及《登记表》,由专人贴上封条。但这一切还没有真正结束,还要参加评审,8月11日休息一天,8月12日早上向本次赛区的评审地点南京出发。江苏赛区的评审地点一般都设在南京高校,那年设在南京理工大学。出发前带好烙铁、锡丝、跳线、剥线钳、备用显示屏等,视具体情况而定,注意严禁携带的物品就不要带了。

评审团由三名评委组成,听说是来自三个不同高校的专家组成,想必是为了保证公平性。关于评审,我的切身体会是:评审团并不在乎你用什么显示模块,作品是否美观,他们在乎的是你是否能够达到测量指标,也就是题目中的要求和说明。另外,验收时评委不会参与操作,他们让你实现什么功能,你就通过按键等操作。评审时,所有队员都要到场否则没有评审资格,进入评审前就要商量好分工以免临场时手忙脚乱。

进入评审室之后,在评审之前每个组都有调试的时间,调试完等待上一组评测结束,调试时间为20分钟(可能会因为题目不同而不一样)。调试时间从进入评审室就开始计时,调试时间还剩5分钟时,会有志愿者提醒,快到时间时可能会有志愿者催。如果时间不够,可以礼貌地请求再给5分钟,不管可不可以,在可能的范围最大地争取自己的权益就是了,反正我们一旁的那组就争取到了;如果早早地调试好了也不要轻易放弃调试时间,总之一定要做好最后一站的准备工作。

在这里说一下,比赛临近,心态的调整也很重要,尤其到比赛临近的前几天保持一颗平常心很重要。由于"电赛"四天三夜的高强度攻关,前一天要适当休息一下,比赛前几天饮食上也适当加强些营养。

在比赛的过程中,如果遇到自己之前准备不充分的地方,难免会产生后悔的心理,但及时调整好状态很重要,千万不能被它影响到你的信心,此时要做的只有不断地暗示自己"我可以",抛开一切专注解决这个把你卡住的前期准备遗漏的技术难题。关于程序编写，平时要养成好习惯，程序每完成一个子模块或有所进步都保存一个版本，不光是在"电赛"时，在一个项目的开发过程中也是这样，不至于崩盘，尤其是"电赛"这种高强度的作业下，这种方法可以帮助你变得理性、思维清晰，也在暗中给予了信心。

"电赛"经过多年的发展，大致有以下题型：电源类、控制类、信号源类、高频无线电类、放大器类、仪器仪表类、数据采集与处理类等。赛前准备时期，选定学习方向，软件硬件方面做好准备。如果对"电赛"比什么了解甚少，没有头绪，可以通过分析往届赛题再练习几套心里应该就清楚了，如单片机的编程能力以及算法上需要达到什么水平，模电数电的知识、电路的搭建和焊接需要积累到什么深度，元器件、硬件模块、材料上需要什么。关于论文可以参考一些指导书籍和历年优秀的获奖作品。至于赛题在哪里找，当然是官网了。准备期间，及时关注官网信息，充分利用好官网这一学习资源。

甄家齐（2017级　电气学院）

8月7日（周三）

开始比赛的第一天，心情激动，早早就来到实验室集合。官网发题后，我们小组三个同学经过讨论，最终选择了F题（纸张计数显示装置）。我一开始也不太明白那两个极板是干什么用的，后来发现其实就是构成了一个电容，根据电容的定义公式，发现纸张数量不同只改变了电容两极板的间距，最终造成电容值发生改变，这下原理就很明确了。我当时大致的思路就是通过传感器电路，将电容微小的变化转化为频率巨大的变化，单片机读取这个频率，以此来判断纸张数量。

我遇到的第一个大难题就是怎么设计这个关键的传感器电路。

我想到了RC振荡电路，但振荡电路输出的频率不能直接输入单片机，因为根据RC振荡电路的频率计算公式可以发现，频率太高了，单片机不便读取，也读不准。所以我选择用两个CD4017分频器进行1/100分频，再经过反向器整形，这样就便于读取了。

我用Multism仿真软件对核心电路做了一个设计仿真。我觉得当需要确定电路参数时，借助仿真也是一个很不错的方法，它虽然替代不了实际情况，但是通过仿真可以找到近似值，确定出一个大致的范围，再去进行实际调试时，可以节省一部分时间。

8月8日（周四）

上午：

我们为了在两个极板之间放纸张的时候快一点，避免放着放着忘记到底是放了几张纸进去，就把A4纸按张数分出三十组，每组都用订书机订了起来，标上张数。这样确实方便很多，比如需要测试10张时，直接拿订好的一摞就好了，而不必浪费时间去数纸。所以根据实际情况想一些小妙招来提高速度也是很重要的。

下午：

考虑到比赛测试现场不一定提供开关电源，可能只提供普通的220 V电源，所以之前就准备了一个5 V的供电电路，在这个电路的基础上，略做调整使其电流更大，功率满足需求。

我希望有更好的重复性，尽量将人为的操作误差减到最小。所以请同组小伙伴画了CAD，再进行机械加工做了一个塑料板，塑料板前面和左侧面有挡板，这样放纸张时可以将纸张顶着塑料板的左上角，下放极板时也顶着这个角，这就有了参考，减小操作误差。并且在上极板上粘上金属配重块，这样可以快速将纸压紧，减小因为纸张沉降所引起的误差。希望大家一定要考虑到，要尽可能地减小人为的误差，来提高系统的可靠性。

8月9日（周五）

上午：

我把传感器电路上面几根外接线，还有一组四个的薄膜按键用标签器打好了标签，使其用起来方便明了。我觉得有些容易混淆的地方，比如颜色一样的导线、按键等，需要及时贴上标签或者做上记号，避免混淆，而且也方便同组的小伙伴去使用。

我决定用上下两层的整体结构，下面那一层放供电电路，上面那一层放我们的单片机最小系统、按键、显示、蜂鸣器、测量电路，用两个大块的洞洞板做上、下层，在边缘四个位置打孔，用铜柱支撑。这种结构简单易用，像变压器这种比较沉的器件，放在下层，使重心较低，起到一个压舱石的作用，有利于整体结构的稳定，而人机交互界面和主要的精密电路放在上层，与供电电路中会大量发热的元件隔开，便于操作的同时也起到了保护的作用，避免因局部的环境温度高而造成元件损坏。

8月10日（周六）

我们三个人一起对作品仔细地进行封箱，每个部件都固定好，里里外外都用泡沫包严实。我真的特别感谢队友装箱时下的功夫，因为在比赛现场，领到我们的作品箱时我都愣了，箱子被整个倒过来了。当时非常担心里面的作品遭到损坏而不能正常工作。作品一旦受损，这四天三夜的努力算是白费了，这次比赛的机会也错失了。我们开箱时冒险把箱子又翻转了一次，把它导正，然后从上面裁开封条开箱。当我看到箱内情况虽然比较凌乱，但各个器件外观都完好时，心里舒缓了一些。在紧张的上电调试之后，发现功能都正常，我长长地舒了一口气，幸亏我们保护得好。所以我觉得最后装箱这一步至关重要，直接关系到比赛的成败！希望大家一定要注意，一定要重视！

另外，我觉得大家一定要休息好，尤其是要睡在实验室，可以准备得充分一点，有条件的准备一个躺椅，如果要睡地板的话尽量带上垫子。我当时就没有拿垫子，只有凉席垫着，实在是太硬了，睡得很难受，根本休息不好，起来之后感觉手脚是麻的，头脑也不够清醒，这样不利于比赛发挥。

这四天三夜听起来很长，但过起来真的很快，虽然比赛过程艰辛劳累、疲惫不堪，但是看着作品一点点完善，进度一点点推进，我心中充满着成就感和自豪感，觉得一切时间和精力的付出都是值得的。

彭梦菲（2018级　航空/机械学院）

赛前准备的一段时间，我一直在看之前的优秀范文，后来我们的作品确定为基于双平行板电容的纸张计数显示装置，我就去查阅相关资料，但每一个公式都有很多的延伸，虽然在论文中不曾出现（由于字数超了规定要求，故删除）。不止公式，在查阅知网、书籍等资料时也有一定困难，论文内容文字部分固然需要很强的专业性，图形部分更是需要一丝不苟地去调节完成，要想复印成文稿也依然清晰，图案不能直接复制粘贴，需要在Visio分解电路图，再调节大小、位置；所有图案不可拉伸，否则会变形。由于论文要等硬件软件调试好后立即完成，所以，我们的论文在最后一夜才完成。最后一夜没睡,不断地去改文案,使其没有一点错误,字属性正确,字数又要符合比赛要求,连一个标点都不放过。不曾想,目录部分也是后面稍微卡壳的部分,由此可见,平时熟于计算机基本操作(Word、Excel、Visio、PPT)是多么重要!

一切准备就绪,就等去南京调试了,我们将我们的作品像宝贝一样放置封存,因为有太多作品都是在校调试成功,可到了现场无法调试,那么这几天的努力会直接白费!每一步,都要小心翼翼。

比赛那天,我们三人都很紧张,说实话,谁不紧张呢。调试的时候,队友细心调试,胡同学按检测按键时手都在发抖,毫不夸张,汗像大豆般滴下。我们三个不断互相鼓舞,最后,在众多专业老师的注视下,我们完成了基本要求所要测的纸张数,也完成了超额要求所要测的纸张数,出来的时候,老师得知我们调试成功,激动地和我们握手。

成功来源于方方面面,在别人看来好像很风光,获得了奖,但中间的过程,这千万种滋味只有我们自己知道。作为一个大学生,也不能一直坐在实验室,各方面都要去学习,尽量都去参加这比赛,你说它不重要,它也确实让我们这几天几夜都辛苦努力,你说它重要,它也不过是我们漫长人生中短暂的一笔。一切都成为过去,昨日已成历史,认真做好每一件自己认准的事情,就好。

6) 获得成果

2019 年江苏省大学生电子设计竞赛(TI 杯)在南京理工大学落下帷幕,我院 8 支代表队经过四天三夜的鏖战,取得了一等奖 1 项、二等奖 4 项的优良成绩。

本次大赛由江苏省教育厅、全国大学生电子设计竞赛江苏赛区组委会主办,德州仪器上海有限公司协办,南京理工大学承办,来自全省所有高校的 1 000 多支代表队、3 000 多位学生参赛。

4.5 中国大学生计算机设计大赛

1) 题目

第九届

计算机的硬件和数据流(微课类比赛)

第十二届

基于AHRS算法的四旋翼智能物流系统(人工智能类比赛)

热力学虚拟教学实验平台(微课类比赛)

第十三届

智能柔性光伏温室大棚种植和循环清洗装置(人工智能类比赛)

基于生物电及视觉感知的特殊人群辅助系统(人工智能实践赛)

智能医护小助手(物联网应用——医药卫生)

传感器虚拟实验平台(微课与教学辅助类——虚拟仿真实验平台)

2) 参与学生

第九届

王玮(机车学院)、叶历(机车学院)、王玲(电光学院)

第十二届

王晓波(光电学院)、那晏康(光电学院)、王金金(光电学院)、王信凯(光电学院)、叶绍康(光电学院)、王浩东(光电学院)

第十三届

刘子康(电气学院)、庞贺振(光电学院)、钟金超(光电学院)、王信凯(光电学院)、沈振野(光电学院)、顾瀛(光电学院)、叶绍康(光电学院)、石朗杰(光电学院)、曹颖(光电学院)、张畑畑(光电学院)、杨中国(光电学院)、桂杨海(光电学院)

3) 指导教师

第九届

陈功、张建兵

第十二届

郭杰、张美凤、刘珂琴

第十三届

陈功、刘迪茜、郭杰、张美凤、葛为民、孟飞、张亚锋

4) 作品内容

第九届

网盘递交文字材料

该课件主要介绍计算机基础课中的"计算机的硬件和数据流"。课件开头和结尾为教师引入和总结视频,前后呼应。将计算机硬件以图文并茂的形式呈现在课件中,并且全文穿插动态

讲解文字。通过 Word、音频和视频实例讲解数据流在计算机硬件中的流动过程和硬件之间的关系。以下为当时比赛汇报内容。

今天我们小组为大家展示的内容是一个关于计算机基础的微课。我们的微课选题是《计算机的硬件和数据流》，选择这个题目的原因有以下几点：（1）兴趣所致，兴趣是最好的老师嘛！我们三人就是因为对微课的制作和计算机方面的有关知识感兴趣而结识的，正好这次大赛给了我们三人一个展现的机会。（2）参考大赛给定的内容。对于计算机基础这个课题，相对来说把握性更大一点。（3）选定硬件与数据流这个部分是因为现在基本上每个家庭都有计算机，但并不是每一个人都对计算机的内部运作十分清晰，像我们上计算机基础课程的时候，面对的都是一些冷冰冰的专业术语、符号，大串大串的文字看得人眼花缭乱。我们就在想能以一种什么样的方式可以更加直观地更加简明地将计算机基础中的硬件的运作表现出来，于是我们就想到了将硬件与数据流结合起来，并利用实际操作中的 Word 文档、视频播放、音频等软件，这样就更容易让大家理解了。并且我们就这个想法请教了老师，老师觉得有可行性，于是就有了现在这个微课。

教学内容：（1）从独立个体到串联的整体（单个看只是简单介绍硬件，但我们通过数据流即文字、视频、音频等将整个硬件的运作串联起来）。（2）内外结合，用视频播放器这个外部设备与内部的声卡、显卡相结合。

运用软件：在整个作品的制作中所用到的软件有 Camtasia Studio、PPT、Word 和 Media Player。前期自行学习软件 Camtasia Studio，熟悉软件的操作流程。通过 PPT，展示作品的思路和作品所讲述的内容。通过 Word，举例说明计算机 Rom 存储器只能保存临时正在处理的数据，如果数据没有保存在计算机的硬盘里的话，在电脑断电后会消失。借助 Media Player，录制了一段视频，通过视频更好地说明视频、声频工作的流程。借助录音功能，录制讲解内容。最后通过 Camtasia Studio 将准备好的素材制作出完整的作品。

特色：内容上视频与文字串接（一个界面既有文字也有视频）。举例：《功夫熊猫》，有文字、声音、画面，通过 PPT 解说，使数据流与硬件之间的联系一览无遗，同时增加画面的可观赏性和趣味性。

设计上软件结合（同时存在 PPT 等软件）并不是生硬的穿插，而是相辅相成，取长补短，并不是单一形式。这样制作出的微课无论在内容的丰富性还是形式的多样化上都会让人耳目一新。大家看到这个微课自然而然就会产生兴趣，而且内容上的创新可以让大家更容易更简便地理解这门课。让每一个看到这门微课的人都觉得简单易学、新颖有趣，这就是最大的成功了。

视频脚本

同学们好，计算机已经成为大家学习、娱乐中不可或缺的必备工具了。但是，不少同学由于对计算机内部缺乏了解，因此在使用过程中会出现许多困惑。今天老师将从计算机硬件与其内部数据流动的角度给大家揭开这层神秘的面纱。

这张图片是一个打开机箱盖的计算机主机箱的内部结构，大家可以看一看，里面体积最大的是主板，主板上有 CPU 和给 CPU 降温的风扇，主板上的长条形状是内存条；主板旁边是硬盘，此外，还有能传输和处理声音的声卡、显示和处理图像的显卡、能够连接到网络的网卡、读取光盘信息的光驱。这些设备正常运转时都离不开的设备就是电源。除了主机以外，计算机正常运作还需要外部显示器、键盘和鼠标。

接下来，我们主要剖析以下几个设备：

第一，电源，就好比人体需要源源不断的食物，其将外部 220 V 交流电压转化为较低的直流电压，并提供给主板、硬盘、内存等设备确保其正常运转。

第二，主板，就好像是人体的躯干，它主要负责协调计算机内部各个设备的正常运转。

第三，CPU，就好像人体的大脑，负责控制各个设备的高效运转。

第四，内存条，好比是临时存放的空间，其负责把计算机正在处理并未保存的数据临时放入内存中。通常我们也把内存称为随机存取存储器（Random-Access Memory，简称 RAM）。与之相对应的就是只读存储器（Read-Only Memory，简称 ROM），其集成在主板上，存储固定且断电不会消失的程序，比如开机程序。

第五，硬盘，好比我们的胃，根据硬盘的大小，可以存储大量的数据，包括文字、音频和视频。

第六，光驱，负责获取刻录在光盘上的数据并将数据读入硬盘，或者把硬盘上的数据刻录到光盘上。

第七，声卡，安装在主板上，负责把硬盘内的声音数字信号转化为模拟信号，外接音响发出声音。

第八，显卡，也安装在主板上，负责将计算机的数字图像信号转化为模拟信号让显示器显示出来，同时有图像处理能力，可协助 CPU 工作，提高整体的运行速度。

第九，键盘、鼠标，外部录入和控制软件的设备。

通过刚才的学习，大家已经明白计算机硬件的组成及其基本功能，接下来老师将从数据流的角度，结合两个实例给大家进一步阐明计算机内部各个硬件是如何相互配合实现各自的功能的。

例 1：

在 Word 中正在编辑一串文本（屏幕上出现已保存文字和正在撰写文字的过程），突然断电了（屏幕黑屏，滚动字体显示"断电中"），然后再次启动电脑，打开 Word 软件，发现此时只有之前保存的文字，正在编辑并显示在屏幕上的文字已经没有了。

这个例子说明了计算机中 RAM 存储器只能临时保存正在处理的数据，如果没有把这些数据保存在计算机硬盘中，那么内部的数据会在断电后消失。

例 2：

Media Player 正在播放的是一段电影视频，该视频现在即存储在硬盘中，播放的时候数字图像画面经过显卡转化为模拟信号，经过外部显示器显示视频。整个过程，我们可以参考以下的流程图。

但是大家发现没有，如果仅仅依靠显卡，我们只能看到电影的图像，那声音去哪里了啊？那么我们就不得不提声卡，在图像输出至显示器的同时，软件播放的声音通过声卡转化成模拟信号并经过音响输出。

这样一段完整的视频图像就可以通过图形和声音完整地呈现给大家。

准备提问

1. 为什么参加？

感兴趣、内容基础、比较了解、创新学分、筹码。

2. 有哪些困难？

软件 Camtasia Studio 的学习、三人的时间调配、设计的创新和突破。

3．用到哪些软件？

Camtasia Studio、Word、PPT、Media Player。

4．三人如何分工？

一起确定主题，一人制作 PPT，一人录制视频、音频，一人进行合成，制作完成。

5．如何确定视频内容讲解人？

指导老师录制。

6．软件 Camtasia Studio 怎么来的？

学校购买。

7．觉得作品还有哪些问题？

软件运用不熟练、讲解方式还有创新空间、普通话不太标准。

8．介绍下微课

"微课"是指按照新课程标准及教学实践要求，以视频为主要载体，记录教师在课堂内外教育教学过程中围绕某个知识点（重点、难点、疑点）或教学环节而开展的精彩教与学活动全过程。"微课"的组成："微课"的核心组成内容是课堂教学视频（课例片段），同时还包含与该教学主题相关的教学设计、素材课件、教学反思、练习测试及学生反馈、教师点评等辅助性教学资源，它们以一定的组织关系和呈现方式共同"营造"了一个半结构化、主题式的资源单元应用"小环境"。因此，"微课"既有别于传统单一资源类型的教学课例、教学课件、教学设计、教学反思等教学资源，又是在其基础上继承和发展起来的一种新型教学资源。"微课"讲课方法：

（1）教学时间较短；

（2）教学内容较少；

（3）资源容量较小；

（4）资源组成、结构、构成"情景化"；

（5）主题突出、内容具体；

（6）草根研究、趣味创作；

（7）成果简化、多样传播；

（8）反馈及时、针对性强。

9．不同学院不同专业的学生为什么会组合在一起？怎么认识指导老师的？

同一个计算机选修课认识的。指导老师是王玲的班导，另一个指导老师（张建兵）是选修课老师。

视频截屏

4 电类专业学科竞赛案例分析

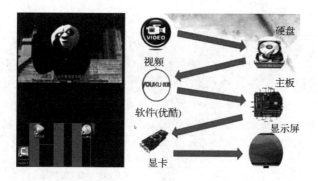

第十二届

(1) 基于 AHRS 算法的四旋翼智能物流系统

作品功能演示视频：

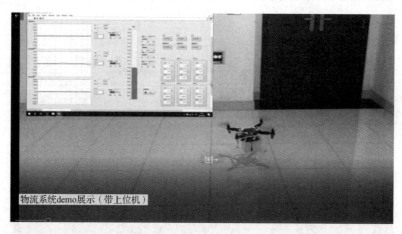

(2) 热力学虚拟实验平台

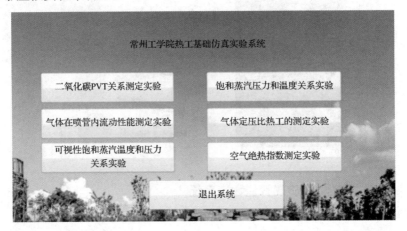

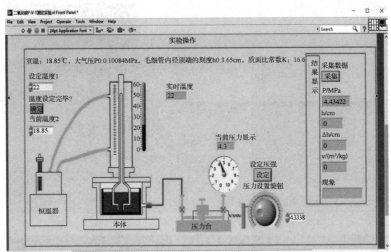

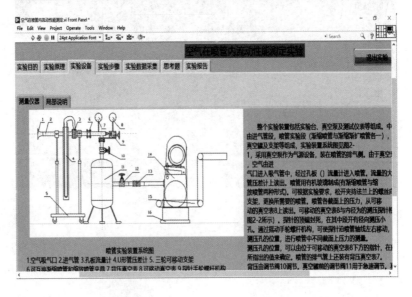

第十三届

（1）智能柔性光伏温室大棚种植和循环清洗装置

（详见"第十三届全国大学生节能减排社会实践与科技竞赛"）

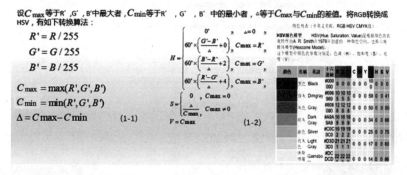

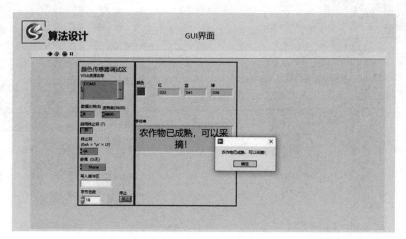

算法设计

2.2 基于本项目的线性规划决策模型

$$\min E = 110mt_1 + 150nt_2 + 20kt_3 + 20wt_4$$

$$s.t. \begin{cases} 20+t_c \leq -3mt_1 + 5nt_2 - 2kt_3 + 2.5wt_4 \leq 25+t_c \\ 60+p_c \leq -8mt_1 - 15nt_2 + 20kt_3 - 30wt_4 \leq 70+p_c \\ t_i \geq 0 \end{cases}$$

$$F = (110m \quad 150n \quad 20k \quad 20w), T = \begin{pmatrix} t_1 \\ t_2 \\ t_3 \\ t_4 \end{pmatrix}$$

$$A = \begin{pmatrix} -3m & 5n & -2k & 2.5w \\ -8m & -15n & 20k & -30w \end{pmatrix}$$

$$B = \begin{pmatrix} 25+t_c \\ 70+p_c \end{pmatrix}$$

$$C = \begin{pmatrix} 20+t_c \\ 60+p_c \end{pmatrix}$$

其中，m 为鼓风机个数，n 为暖风机个数，k 为控制光伏面板伸展的电机，w 为控制光伏面板收缩的电机，t_c 为检测时大棚内环境温度，p_c 为检测时大棚内环境湿度，E 为所有用电器的耗能。t_1、t_2、t_3、t_4 分别对应每个用电器最优的使用时间。

算法设计

```
1  m=input('请输入鼓风机个数m=');
2  n=input('请输入暖风机个数n=');
3  k=input('请输入控制光伏面板伸展的电机个数k=');
4  w=input('请输入控制光伏面板收缩的电机个数w=');
5  f=[11*m,15*n,2*k,2*w];%目标函数
6  A=[-3*m 5*n -2*k 2.5*w;-8*m -15*n 20*k -30*w];%A为约束条件系数矩阵
7  b=[25 70];
8  b=[-20 -60];%b为资源向量
9  lb=zeros(4,1);%这里是四行一列的矩阵
10 [t,consume]=linprog(f,A,b,[],[],lb,[])
11 % t为各用电器最优使用时间，consume为最小限度能源消耗
```

基于 Matlab 编写的决策算法

（2）基于生物电及视觉感知的特殊人群辅助系统

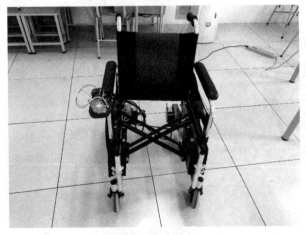

硬件系统效果图

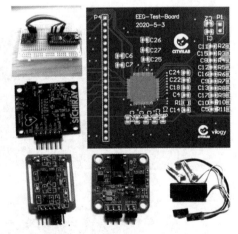

各模块硬件图

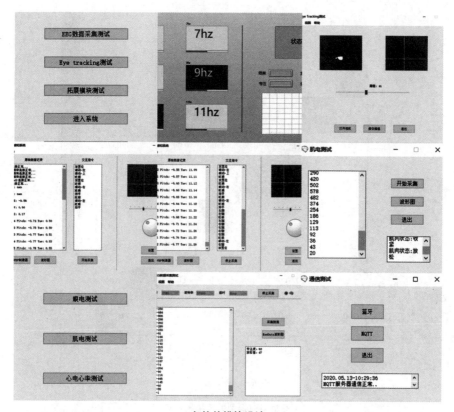

各软件模块设计

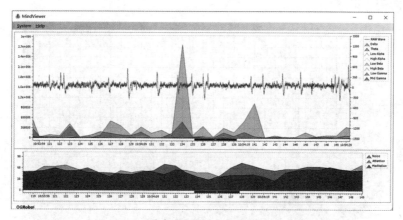

脑电波信号采集与处理

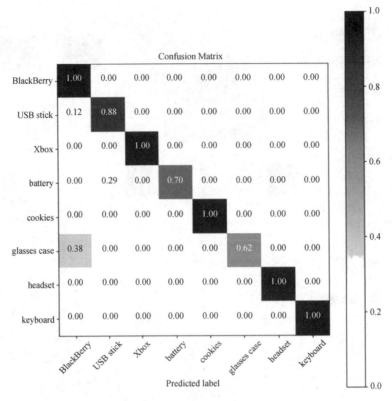

目标追踪识别算法结果矩阵

（3）智能医护小助手

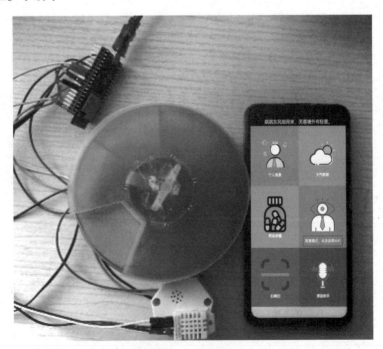

智能医护小助手手机端界面

个人信息界面

天气数据查询结果

药品余量查询结果

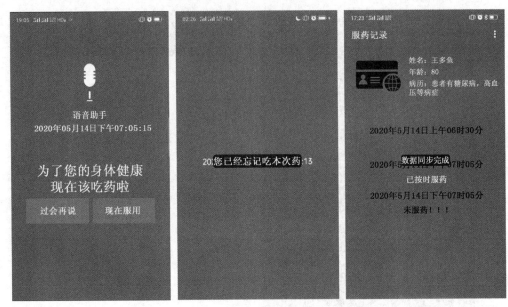

吃药监测信息

5) 教师感悟

第九届

作品在江苏省大学生计算机设计大赛暨2016年(第九届)中国大学生计算机设计大赛江苏省级选拔赛中均获得三等奖并被推荐代表江苏参加全国总决赛。江苏赛区比赛由江苏省计算机学会、南京师范大学承办。大赛以"绿色环保"为主题,主要针对大学生的计算机操作能力以及创新能力进行考查。江苏赛区比赛共有87所学校参加,提交作品599件。经过专家初审复核,244件作品进入省决赛。

该课件的制作跨界组合了我校机械与车辆工程学院、电气与光电工程学院和计算机信息工程学院的学生和指导教师,学生起初并不了解微课的制作和软件Camtasia Studio的使用,通过教师的指导以及充分利用图书馆"读秀"的学术资源,顺利并且熟练掌握了微课的制作以及软件的制作技能。在制作过程中,学生克服了上课、休息等各种困难,充分发挥团队协作精神,各司其长、分工明确,在较短的时间内完成了微课的制作。虽然谈不上制作精良,但是无不浸透着学生辛劳的汗水。该微课视频,结构新颖,颠覆了以往计算机硬件的讲解套路,从文字、音频和视频数据流的角度阐明了硬件之间的联系,角度独特,值得推荐。

省赛答辩完后,学生告诉我,"专家说我们的立意很好,但是计算机专业术语'数据流'并不完全是我们作品中'数据流'的概念,说是有原则性的错误"。由于比赛结果并不是当天公布,大家在回家的路上士气低落,付出了一个多月的努力眼看着毫无结果。在随后的几天网上公布了比赛结果,我们幸运地获得了省赛三等奖,而且获得了进入国赛的资格,要知道有很多作品虽然获得了一、二等奖,但并未进入国赛。事后我们分析,还是作品的创新性掩盖了个别错误,而作品本身的制作美感程度并不是进入国赛的重要指标。

第十二届

2019年,非常有幸代表我校参与了国家比赛。项目起源于学生自己的创意,启动非常早,在大学生创新创业训练计划立项时,学生非常有兴趣,提出了自己的想法。在整个过程中,学生全力投入,在实验室里不停修改。从省赛到国赛,一步步走来,感触很多,个人总结主要有三点:(1)立意要新。作为二本院校,在计算机设计大赛中,我们要和985高校比拼,关键为一定要结合当前新技术,要有新想法。(2)技术要硬。不光要有好创意,还要不断学习新的技术,比如,我们这次结合四元数姿态解算算法控制飞行器,并对物流配送实施一定的策略。(3)注重技巧。参赛中,一定要详细分析评委的评分标准,结合自身的优缺点进行策划,将对自己有利的分数一定拿到。还有就是,要做好充分准备,不到最后一刻,不放弃修改优化,没有最好作品,一定是多个计划并行,一旦出现问题,马上启动备用方案。这样,我们地方本科院校在比赛时才能取得一定的成绩。

第十三届

2020年,本作品参加的是人工智能类比赛,因疫情原因,入围省赛后在线上比赛。由于对人工智能的定义不是特别清楚,在省赛的时候,作品缺乏算法的不足被评审专家明确地点出,答辩结束后学生也确实比较沮丧。比赛结束后和学生探讨了一下,不管能不能进国赛,都需要将颜色传感器检测、多元目标节电节水方面的目标规划作为人工智能比赛算法的切入点。事实上,通过网上搜索人工智能类型的作品,我发现都是偏图像算法处理或语音处理,本作品的算法与之相比较还是有一定新意的。最后作品入围国赛名单公示后,大家抓紧时间做了上述改进,在国赛获奖名单中又出现了我们作品的名字,也表明当初思路的准确性。

6) 学生感悟

第九届

王玮(2014级　机车学院)

时光荏苒,离这一次的比赛已经过去两年了。回想这一次参赛的经历,让我十分怀念学校生活的同时也深深感谢我的指导老师。在老师的带领和帮助下,我结识了新的伙伴,体验了另外一种校园生活方式,更重要的是学会了专业知识,学会了团队合作,学会了面对困难时应该用怎样的态度去面对、去解决。如今的我正式成了一名社会人员,在自己的工作岗位上才能明白,一个好的团队带给自己的是什么。出现困难时又该怎样去解决呢?也许方法不一样,但态度和勇气,决定了自己发展的可能性。在此我想向看到我这篇不成文的感悟的读者说一句:大学时期,去努力提高自己吧!尽自己的力量去参与这些有趣的活动,你的收获从来都不会只有成功带来的自豪与欣喜!感谢我的伙伴!感恩我的老师!

叶历(2014级　机车学院)

参加省级和国家级全国大学生计算机设计大赛的跨界创新经历丰富了我的大学生活,拓展了阅历。团队共同努力解决各种问题并获得成果,让我明白办法总比困难多,也为今后的学习提供了宝贵经验。

王玲(2014级　电光学院)

2016年的春天、夏天,因为一个比赛,将我和机车学院的两位同学王玮、叶历联系到了一起。对于老师提供的这次参赛机会,我格外重视,从本已将学业、兼职安排得满满的一天中,挤出额外的时间学习软件、录制视频、剪辑视频……事后回想起,庆幸自己当初的坚持。

这一次参赛经历,让我认识到了团队合作的重要性。每个人分工有序,从最初的陌生人,经过多次的思想碰撞,成为不可分开的队友。从省赛中脱颖而出,被推优参加国赛,我还顺便去了厦门理工学院感受到了不一样的学习氛围。拿到奖状的那一刻,感觉所有的辛苦都没白费。

感谢班导给我的这次机会,为我学业之旅添上一笔独一无二的色彩。正是凭借省赛、国赛的参赛经历,我在众多211、985学校的应届毕业生中脱颖而出,在笔试、面试、心理测评层层考验下,顺利拿到了现在公司的职位。

大学四年,稍纵即逝,要在有限的四年时间创造出无限的价值,不管是继续深造考研还是直接就业,一次或多次的参赛经历必定是一块坚硬的垫脚石!

第十二届

王信凯(2016级　光电学院)

以2018年11月校级大学生创新创业项目为契机,一些前期工作开始启动。寒假期间,大创项目仍然在持续推进,我负责传感器数据采集与算法设计。我觉得是一种自发的使命感使我们愿意投入大量的时间,希望将技术尽快实现。

受益于前期大量的付出,3月份开学后项目的整体进度向前推了一大步,结合假期所得数据成果,四旋翼硬件平台初见端倪。但是在传感器数据融合以及飞控核心算法上仍存在一些问题,并困扰了我们很久。所幸,在郭杰老师和张美凤老师的指导及两名考研结束回到实验室的学长的帮助下,数次尝试之后我们找到了一种可行的算法方案,并经过实验验证其可行性。

2019年5月中旬,我们团队前往中国矿业大学参加江苏省大学生计算机设计大赛的决赛,由于PID参数尚未调节得当,飞行过程中存在稳定性问题,仅获得省赛三等奖的成绩,但同时也获得了参加国赛的机会。归程后,我们迅速对比赛中暴露的问题做出调整,重新设计了飞控程序,并重写了其中的PID模块。同时在老师的指导下,对飞行器结构进行改进,降低大机架在飞行过程中的振动。实验室全体成员在经过多次通宵达旦的调参后,终于在比赛前夕拿到一组合适的PID参数,并进行了试飞,最终将系统完善。

2019年7月中旬,我们带着最终的系统以及比省赛更充足的准备前往吉林大学参加中国大学生计算机设计大赛国赛的决赛,同来自全国各地的优秀学子同台竞技,并最终获得二等奖。比赛结束后项目也没有停止,我们实验室组装了一台3D打印机,准备对旋翼飞行器的结构做进一步的探索,同时其他项目也在逐步启动,相信在未来我们团队会取得更大的突破,以及更优异的成绩。

做了这么多,我有一些心得体会:①做项目时难免会遇到一些困难和问题,短时间内无法解决。在尽可能的自我尝试无果后,应积极寻求外部帮助,快速打开阻塞的思路,避免因一个问题而打乱整个项目的计划。有时,即使寻求外部帮助也不能快速打开局面,重新梳理思路,可能是自己思路不清,甚至是对问题的定义不明晰导致的。②在准备比赛时,既要注重自己的"硬实力",尽可能地去完善作品、优化算法、提高稳定性,也不要忽视"软实力",注意比赛的要求、规则、提交文件的格式、可附加文件的类型等。软硬结合,两手都要抓,两手都要硬。

第十三届

刘子康（2019级　电气学院）

准确地说，这应该算是我大学里参加的第一个比赛，4月份刚接到指导老师通知我参加计算机设计大赛的时候，有些期待。我和两位实验室的大三学长一队而且还成为这个比赛的负责人，对于缺乏经验的我当时有着不小的压力。其实现在回过头想想，除了比赛最后获得的荣誉，我更应该感谢的是这4个月的经历。如果不是因为这个比赛，我可能不会花一个星期学习PR并且熬好几个夜晚准备素材剪辑视频，项目申报表和说明书也改了一遍又一遍……第一次完整地经历了一个比赛的过程，除去涉及的专业知识以外，Word、PDF、PPT、PR、PS可以说是运用得"滚瓜烂熟"。通过这一次经历，我觉得做任何事情一定要学会坚持！因为我永远不会忘记凌晨两点半将弄好的材料发给老师的那种激动和轻松，也不会忘记为了准备决赛答辩从地下车库摸黑回宿舍的经历，相信坚持，相信自己，你的运气一定不会太差！

7) 获得成果

第九届

江苏省大学生计算机设计大赛

2016年江苏省大学生计算机设计大赛暨2016年（第9届）中国大学生计算机设计大赛江苏省级赛共收到报名作品602件，经过形式检查，有效作品共599件，共涉及1 468人次，参赛学校87所，其中本科类院校56所，共提交作品442件；高职高专类院校31所，共提交作品157件。

在专家初评阶段，组委会聘请了来自38所不同院校的71位评审专家对599件作品进行了初评。初评阶段采用将本科类院校作品与高职高专类院校作品按作品类别统一评审、分开计分的方式，按分值和比例遴选进入决赛的作品。最后经专家复审，进入决赛的作品共244件，推荐国赛的作品共160件，分布于52所院校。

2016年5月21日在南京师范大学仙林校区举行了2016年江苏省大学生计算机设计大赛暨2016年（第9届）中国大学生计算机设计大赛江苏省级赛的现场决赛。决赛根据作品类别和数量分为12组同时进行，邀请了来自省内各院校相关领域的36位专家作为决赛评委，并特设了6位巡视专家。决赛采用现场答辩的方式，每件作品总答辩时间不超过15分钟。经过一天激烈的角逐，共评出特等奖作品24件、一等奖作品36件、二等奖作品48件、三等奖作品103件。此外，本届大赛还设置了优秀教师指导奖、优秀组织奖和优秀管理员奖。其中，共42人次获得优秀教师指导奖，22所学校获得优秀组织奖，20人获得优秀管理员奖。

中国大学生计算机设计大赛

根据中大计赛函〔2015〕013号《关于举办"2016年（第9届）中国大学生计算机设计大赛"的通知》，在广大师生的热情参与下，今年共有近500所院校组织了约6 000件作品参加2016年（第9届）中国大学生计算机设计大赛。经过全国各省级赛区的选拔推荐，共有2 320件作品入围决赛公示名单。2016年7月至8月，分别在合肥、北京、厦门、南京、宁波、上海赛区分类别举行了现场决赛，最后评选出一等奖作品137件、二等奖作品763件、三等奖作品1 133件、优胜奖作品34件，获奖作品共计2 067件。

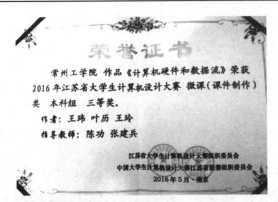

第十二届

中国大学生计算机设计大赛始于2008年,全国有众多本科院校参加,是中国高等教育学会发布的《2014—2018年列入排行榜的竞赛名单》中的重要学科竞赛。大赛旨在激发学生学习计算机知识与技能的兴趣和潜能,提高学生运用信息技术解决实际问题的综合应用能力,培养学生团队合作精神、创新创业意识,促进学生德、智、体、美、劳全面发展。

我校光电工程学院代表队先后赴吉林大学和北京大学参加2019年(第12届)中国大学生计算机设计大赛。他们提交的参赛作品《基于AHRS算法的四旋翼智能物流系统》(郭杰、张美凤老师指导,王信凯、叶绍康、王浩东等同学完成)荣获人工智能类(国赛)二等奖、《热力学虚拟教学实验平台》(郭杰、刘珂琴老师指导,王晓波、那晏康、王金金等同学完成)荣获微课与教学辅助类二等奖。这是我校在该学科竞赛领域取得的历史最好成绩。

第十三届
江苏省大学生计算机设计大赛

由江苏省大学生计算机设计大赛组委会主办,江苏省计算机学会、南京航空航天大学承办的江苏省计算机设计大赛暨2020年(第13届)中国大学生计算机设计大赛省级赛圆满结束。我校学生荣获省赛一等奖2项、二等奖2项、三等奖2项、优胜奖2项,并获"优秀组织奖"表彰。同时,获省级赛一、二、三等奖的作品将被推荐参加2020年(第13届)中国大学生计算机设计大赛全国总决赛。本次大赛共收到84所学校提交的有效报名作品907件,其中64所本科类院校812件作品。我校学生积极参与,提交的作品涵盖软件应用、微课与教学辅助、物联网应用、大数据与人工智能、数字媒体、微电影、民族文化和计算机音乐创作等9大类别。由于新冠肺炎疫情的影响,决赛采取线上答辩形式。参赛学生和指导老师克服困难,积极准备,在答辩过程中将所学的专业知识较为完美地表现出来,形成了质量较高的作品,充分展现了创新创业能力和综合能力。

中国大学生计算机设计大赛

根据中大计赛函〔2019〕037号、〔2020〕003号、〔2020〕004号《关于举办"2020年(第13届)中国大学生计算机设计大赛"的第一次、第二次和第三次通知》,在广大师生的热情参与下,今年共有近700所院校组织了约3万件作品参加2020年(第13届)中国大学生计算机设计大赛。经过全国各省级赛区的选拔推荐,共有4 646件作品入围国赛。2020年7月至8月,在山东大学和厦门大学承办赛务的支持下,全国400多名评审专家以网络评审的形式完成参加国赛作品的初评和复评,最终确定约4 000件作品获颁等级奖项。

4.6 第十三届全国大学生节能减排社会实践与科技竞赛

1) 题目

智能柔性光伏温室大棚

2) 参与学生

刘子康(电气学院)、钟金超(光电学院)、庞贺振(光电学院)、唐峣(电气学院)、杨紫茹(电气学院)、张宇(经管学院)、左佑(电气学院)

3) 指导教师

陈功、张燕

4) 作品内容

详细内容请扫书后二维码。

5) 教师感悟

该比赛包含实物类和调研报告类,本作品历时4年的申报,从第一代模型的搭建、系统的仿真、实测实验,毫无经验的说明书撰写到第4年充分的材料准备,获奖结果也确实是情理之中。该比赛主要侧重于是否"节能减排",即最后的作品要有与传统作品或实物的节能或减排的比较,比如节水多少、节电多少、节约成本多少,诸如此类。本作品除了有几代实物作品呈现以外,还有软件调试过程、实验测试分析、漂亮的三维图以及不同阶段的发明专利。为了说明本作品的实用性,学生前期还通过社会调查多次到相关企业调研、访谈,为作品的实施现实性提供依据。可以说内涵和包装,是比赛最终获得评委青睐的关键因素。

该比赛的获奖也实现了我校在该项赛事上零的突破。

6) 学生感悟

刘子康(2019级　电气学院)

比赛大概是从5月份开始准备的,因为当时计算机设计大赛还处于未完赛的阶段,说是准备,不过也就是先了解一些往年的优秀获奖作品。指导老师通知我们参加节能减排大赛的时候,我已经比刚接触计算机设计大赛那会儿有底气多了,虽然经验还是不多,但至少这次我已经不是所谓的"新手"了!有了第一次的经验,6月返校后正式开始准备的时候顺利多了。这一次,陈老师事先给我们组分配好了任务,比如有人负责设计海报,有人剪辑视频,我就主要负责写申报表和说明书,当然,说明书提交前在陈老师的指导下改了好几次。后来,大概是在7月中旬主办方重庆大学就公示了获奖名单,我们的作品再一次"出乎意料"地获得了国家三等奖,这对我们也是很大的激励!希望有了这些经历之后,我能更加踏实地走好接下来的每一步!不骄不躁,沉思笃行……

钟金超(2017级 光电学院)

自从入学以来,大学生活就让我觉得与众不同,然而大一生活不可阻挡地结束了,到了大二,一次偶然的机会,我加入了老师指导的学生项目团队。刚进入实验室和学长们学习一些基础知识时我还十分忐忑,不过经过认真努力的学习以及学长耐心的指导,渐渐地越来越有信心了。

这个作品从最初的常州市级比赛(第十届常州高等教育和职业教育创新创业大赛)到江苏省级比赛(2020年江苏省大学生计算机设计大赛)再到国家级比赛(全国三维数字化创新设计大赛),逐渐完善。最初,我们团队对节能减排比赛认识比较模糊,得益于指导老师的帮助,从报名资料的撰写、实物模型的搭建,到最后比赛答辩,我们团队里每一位成员都各司其职,夜以继日,尽全力参加比赛。如今,"赛迪环保杯"第十三届全国大学生节能减排社会实践与科技竞赛比赛落下帷幕,我非常荣幸能成为团体赛三等奖中的一员。这次比赛,让我收益颇丰,不仅学到了很多东西,也认识到了自己的不足,我会继续努力,再接再厉。

庞贺振(2017级 光电学院)

2017年9月我进入了常州工学院,刚开始对自己还是有要求的,后来由于大学里面的学习完全是靠着自己个人的自觉,我就放松了对自己的要求。因此大一阶段我是浑浑噩噩地度过的,但是到了大二的时候看着我们班有一部分同学天天参加各种活动,每天过得都很充实,我羡慕了,自己为啥就不能和别人一样每天都过得很充实,而且还能增长自己的知识面,为自己以后的就业打下坚实的基础呢?后来有一次机会我从我们班主任那里了解到实验室的老师正在招收学生做项目,然后我秉着试试看的态度去面试。因为自己在大一的时候是浑浑噩噩地度过的,没有学到一点东西,所以当时还是比较害怕的,怕老师问我一些专业性的知识。但是等我到了实验室的时候,我才知道我之前是什么样子不重要,只要我现在肯学就没问题,因此后来我顺利地成了实验室的一分子。在我面试成功之后老师发给我许多资料叫我看完,当时看了好多关于Labview软件的介绍以及光伏柔性温室大棚的相关材料,这些对我后来做的项目和比赛有很大的帮助。在之后的一段日子里我和搭档不断地学习,分工明确,对光伏柔性温室大棚不断改进,作品也从最初的有线控制变成了现在的无线控制,我们也从最初参加的常州市级比赛(第十届常州高等教育和职业教育创新创业大赛)慢慢地到参加江苏省级比赛(2020年江苏省大学生计算机设计大赛)再到参加国家级比赛(全国三维数字化创新设计大赛、第十三届全国大学生节能减排社会实践与科技竞赛)。在实验室,我们有目标地做事,并且在老师的带领下,分工明确,团结互助。通过几次比赛,我受益良多,懂得了做事要有目标性才能高效完成,同时,团结也是做好一件事的基础,而且参与创新项目也锻炼了我的动手能力。

7) 获得成果

全国大学生节能减排社会实践与科技竞赛是由教育部高等教育司主办,并委托教育部高等学校能源动力学科教学指导委员会举办的全国大学生学科竞赛,每年举办一次,竞赛已经成为全国高校能源动力领域最具影响的赛事之一，具有较大的社会影响力。该竞赛是被中国高等教育学会《中国高校创新人才培养暨学科竞赛评估结果》纳入高校排行的学科竞赛项目，在我校被认定为Ⅰ级C类竞赛。

第十三届全国大学生节能减排社会实践与科技竞赛自2020年5月启动，吸引了来自清华大学、浙江大学、山东大学、厦门大学等全国425所高校4 138件作品参赛，参赛学生人数达22 289人，参与高校和作品申报数量创历史新高。经过专家们认真评审，甄选出具有创新性和代表性的219件作品进入决赛，以及672件三等奖作品。

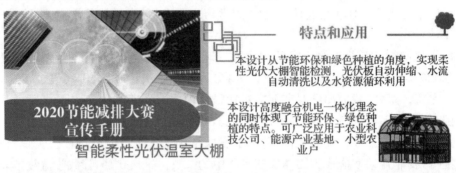

4.7 第八届全国大学生光电设计竞赛

1）题目

"精精计较"高精度激光微位移检测装置

生态科技筑梦乡村振兴——基于传统大棚的改造计划

2）参与学生

朱颖（电气学院）、司维（经管学院）、王振刚（电气学院）、薛倩雯（经管学院）、王翔宇（电气学院）、王玮（电气学院）、唐峣（电气学院）

吴伟晨（经管学院）、袁鑫（电气学院）、张宇（经管学院）、邓相锟（电气学院）、田晶晶（电气学院）、李菘（电气学院）、冯海瑞（电气学院）

3）指导教师

陈功、徐霞

4）作品内容

同 4.1、4.2。

5）教师感悟

2020 年该项赛事本为创新赛，由于疫情原因改为创意赛。作品的内容不能离开"光电"两个字，碰巧手头两个作品"光伏大棚"和"激光测厚"都准备参加"挑战杯"和"互联网+"比赛，且符合该比赛的主题。因此，无论是技术还是商业计划书只需要简单移植即可。华东赛区的结果表明"激光测厚"偏技术类，具有一定的技术含量，而"光伏大棚"相对技术含量较低，创新性略差，所以该类型创意性比赛还是需要作品具有一定的技术含量。

国赛"激光测厚"最后获得了三等奖，实现了电气学院的突破。但是学生只能一个人线上参与答辩，所以需要学生既懂技术还需要了解市场运营，对于学生能力要求较高。如果按照线下答辩的模式，几名同学同时答辩，大家可以发挥所长，不至于会出现国赛答辩的尴尬局面。

6）获得成果

第八届全国大学生光电设计竞赛东部赛区

第八届全国大学生光电设计竞赛

由中国光学学会主办、全国大学生光电设计竞赛委员会具体负责、南方科技大学承办的第八届全国大学生光电设计竞赛总决赛于 2020 年 8 月 30 日在南方科技大学圆满落幕。全国共有来自 246 所高校的 1 520 个项目、7 349 名学生报名参加本届竞赛。经过前期华北、东北、西北、西南、中部、东南和东部七个分赛区选拔,最终有来自 107 所高校的 232 个项目、1 255 名学生进入全国总决赛。本届总决赛中,北京理工大学等 29 所高校获得优秀组织奖,艾丹妮等 59 名教师获得优秀指导教师奖,浙江大学"面向机器人的微纳光纤仿生触觉传感器"项目获得最佳创意奖。"智能游泳卫士——中国救生防溺领域新方案"等 8 个项目获得一等奖金奖,"基于人工智能的无人机好堤防汛管涌巡查系统"等 15 个项目获得一等奖银奖,"拯救'低头族'——专注于行人安全的智能保障系统"等 14 个项目获得一等奖铜奖,"快照式多功能医疗诊断仪"等 80 个项目获得二等奖,"电力设备放电紫外探测与定位系统设计"等 115 个项目获得三等奖。

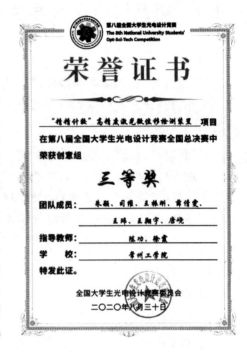

4.8 第四届江苏省虚拟仪器竞赛

1) 题目

柔性光伏温室大棚热斑检测及清洗装置

双层智能停车装置及控制

2) 参与学生

钱冲(电气学院)、何永华(光电学院)、冷启航(光电学院)、吴帅(电气学院)、胡瑜(电气学院)、刘帅帅(电气学院)、张松(电气学院)、韦炜(电气学院)、陈森(航空/机械学院)、郑倩(经管学院)、徐雨果(航空/机械学院)

3) 指导教师

陈功、许清泉、李辉

4) 作品内容

作品详细内容请扫书后二维码。

5) 教师感悟

该比赛两年组织一次,主要针对的是采用 Labview 软件和美国 NI 公司数据采集卡的江苏省高校大学生组织的比赛,该比赛与每两年一次的全国虚拟仪器比赛间隔进行,一般省级一等奖推荐参加全国虚拟仪器比赛。因此年初通过研习工厂已经找到 2 名测控专业学生，目标即为年底进行的虚拟仪器比赛。

比赛前期还要准备设计报告，需要经过 2 个非本校专家的网上评选，然后入围，本次比赛预赛共收到 153 件作品，共产生 72 组晋级作品进入决赛。决赛阶段前期还需要递交总结报告，决赛阶段该比赛分 PPT 答辩和现场演示，答辩现场只能一个人，现场演示可以多人。光伏温室大棚由于答辩成员吴帅历经前几次比赛预热，对该作品已经非常熟悉，因此无论是 PPT 答辩还是现场演示均表现不俗。停车装置在现场演示时电动推杆出现了问题，最后获得了三等奖。总的来说两个项目入围并获奖基本达到预期目标。学生也了解了其他兄弟院校的竞技水平，开阔了视野。

6) 学生感悟

张松（2016 级　电气学院）

在大三上学期，我们通过前期的构思与论证，并通过不断的努力，最终在老师的带领下完成了光伏板热斑检测项目。在整个过程中，我们同组成员之间分工明确，大家高质量、高效率地完成了自己的任务，并在虚拟仪器竞赛中获得了满意的成绩。但比赛也让我认识到自己的问题所在，我仍然需要更认真地去学习，让自己不断提高。

韦炜（2016 级　电气学院）

在大三上学期，通过我们小组不断地思考和努力，不断地寻找方法去探索、去实践，在老师的不断帮助下，我们终于完成了光伏板热斑检测项目。能够高效快速地完成这个项目离不开老师的指导、小组成员的努力，在第四届江苏省虚拟仪器竞赛中也取得了满意的成绩。在这个过程中，我们学习到了很多的知识，也学习着将理论运用于实际当中，去不断地找寻自己的不足之处。

徐雨果（2017 级　航空/机械学院）

读万卷书不如行万里路。本次比赛，在老师的指导下我们完成了这次比赛的参赛作品，让我把很多以前只是停留在理论上的知识转化为实际的应用。队员间的交流、配合也让我结识了许多新的朋友。是每一位成员的付出，让我们克服了一个个困难；是每一位成员的努力，让我们取得了比赛的成绩。

胡瑜（2016 级　电气学院）

大学期间，在老师的带领下，我积极参加了江苏省虚拟仪器比赛。通过这次比赛，我直观地了解到自己与其他高校学生之间存在的差距，因此更加坚信需要加强自己专业知识的学习。同时在赛前准备过程中，队员们之间通过合作与交流，培养了大学生应有的创新能力和协作精神。

郑倩（2017 级　经管学院）

实践是实现梦想的途径，本次比赛在带队老师的指导下，将理论知识转化为实践，又通过实践，深入地认识了理论的含义。比赛的过程中大家一起互相帮助，克服困难，结下了深厚的友谊。感谢每一位成员的付出，正是大家一起努力才获得了成绩。

7) 获得成果

2018 年 12 月 29 日，第四届江苏省虚拟仪器竞赛在南京航空航天大学举行，竞赛历时 3 个月,分初赛和决赛两轮。受江苏省教育厅委托,由江苏省虚仪器竞赛组委会主办,美国 NI 公司协办,南京航空航天大学和江苏省仪器仪表学会组织。大赛设有软件组和综合组。全省共有 20 多所参赛院校,153 支预赛队伍,400 人次参与比赛,其中 69 支队伍进入决赛。参赛作品覆盖测控技术与仪器、自动化、计算机、电气工程、生物医学、机械工程、通信工程、电子工程、动力工程和宇航科学等诸多专业方向,充分体现了参赛大学生在虚拟仪器设计上的软硬件应用水平和创新能力。

该比赛以全国虚拟仪器大赛的竞赛宗旨和规则为指导,引导省内高校加强仪器类专业和课程的建设,促进教学改革,培养大学生的创新能力和协作精神,并为全国虚拟仪器大赛输送优秀作品。

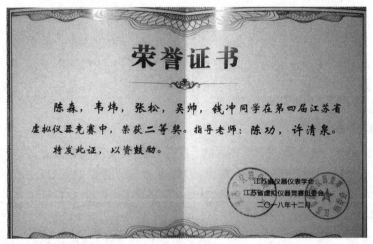

4.9 江苏省大学生物理及实验科技作品创新竞赛

1) 题目

第十四届

锂电池薄膜激光测厚原理及数据分析

基于虚拟仪器的检测系统在锂电池及光学仪器表面缺陷中的应用

第十五届

电磁感应法电流测量和显示

无线接收去噪扩音器

货架式双排双层智能停车装置及控制实现

柔性光伏温室大棚热斑检测及清洗装置

2) 参与学生

第十四届

刘宣君(电气学院)、覃雪(电气学院)、许兴鹏(电气学院)、杨国江(理学院)、丁焦焦(航空/机械学院)、黄山(航空/机械学院)

第十五届

钱冲(电气学院)、何永华(光电学院)、冷启航(光电学院)、吴帅(电气学院)、谈为鹏(电气学院)、余佳明(电气学院)、李威(理学院)、刘逸凡(化工学院)、龙万琴(化工学院)、王蒙蒙(化工学院)、郝志强(理学院)、陈淼(航空/机械学院)

3) 指导教师

陈功、王刚、许清泉、万志龙、王昌英

4) 作品内容

作品详细内容请扫书后二维码。

5) 教师感悟

第十四届

2017年首次带领2组参赛学生参加该项赛事,能在预赛中全部入围参加最后决赛确实是意料之外。实物类参赛学生来自电气和机械学院,每个人就自己所擅长的领域做了大量的分析并完成了研究报告。论文类学生克服了专业知识不足,在教师指导下完成了软件的熟悉、编程、论文以及PPT的撰写,尤其是数理的学生发挥了数学优势运行仿真了各种算法。比赛前数理王老师多次指导并现场模拟答辩,帮助学生克服紧张胆怯的心理,提高他们的自信心。历经长达2个多月的初赛和决赛准备期,最后的比赛结果也基本达到预期的目的,展示了学生的风采。

第十五届

2018年3月,《货架式双排双层智能停车装置及控制实现》参加了江苏省机械创新设计大赛并获奖,如果作品就此结束它的生命之旅,无疑太过浪费。为了延续该作品的生命力,在暑假期间安排了学生对作品进行了进一步提升,比如增加了压力传感器、CCD相机传感器并通过Labview软件实现。2018年8月参加了江苏省电子竞赛,不过由于作品设计以及现场演示的原因,2个作品均未获奖,作品带回学校稍做改动同时准备参加第十五届江苏省高校大学生物理与实验科技作品创新竞赛。

由于该比赛是针对大学物理方面的比赛,根据去年比赛的经验,安排学生在"读秀网"搜索与4个作品相关的关键词,比如针对"电磁感应法电流测量和显示"搜索"电磁感应原理"和"数字示波器的使用",找到相应的大学物理教材并进行摘录,放入作品申报书中。其他三个作品也要进行类似操作,这样操作的目的就是要让评委老师在初审阶段眼前一亮,保证能够入围决赛。该比赛的决赛阶段从今年的反馈来看,只要入围都能获奖,而且不再有优秀奖,分别是一、二、三等奖。

在常熟参加比赛的当天,作品之一"柔性光伏温室大棚热斑检测及清洗装置"造型独特、设计巧妙,引起了很多评委和观众的围观以及询问。在最后官方的新闻稿中把我们的温室大棚作为新闻图片。虽然最后由于各种原因,4个作品均只获得三等奖,但是大家的努力终于有了收获,也算是这项比赛的完美收官。

6) 学生感悟

第十四届

刘宣君(2015级 电气学院)

自从加入老师的实验室,和老师一起做科研项目,跟着老师学会了很多,也通过科技创新方面的比赛锻炼了自己各方面的能力,比如动手操作的灵活性,团队合作和交流,同时对自己所学专业能更进一步地学习。通过老师的指导,我们小组团队在比赛中获得了比较好的成绩,尤其在这一次科技比赛前期,为了更好地了解生产过程,老师带我们一起参观工厂看生产工人怎么生产的全过程,更进一步增加了我们小组对所研究作品的了解,这也让我们最后的比赛成绩众望所归。

覃雪(2015级 电气学院)

通过和老师一起做科研项目,学到了许多在平时学不到和感受不到的东西。同时,参加比赛是对我个人各方面能力的全面锻炼,是一个自我提升的过程。我们收获的不仅仅是理论知识和技术,更是团队之间的合作。通过比赛,我们积累了丰富的经验教训,知道了自己专业知识的匮乏,视野还不够宽广,促使我们更有热情地去学习知识和运用知识。遇到困难老师会很耐心地为我们解答,我们的作品最终也取得了较好的成绩。

杨国江(2016级　理学院)

作为一名化学专业的学生,我配合电光学院的老师和学姐跨专业地共同完成了科研项目。在跟着陈老师做科研项目的过程中,我学习到了许多新的知识,见识到了与化学完全不同的新的东西,这拓展了我的视野和思维,也丰富了我的大学生活。同时也锻炼了我自身的各项能力,比如动手能力、语言沟通能力、严谨的逻辑思维能力等。通过老师的指导,还有与学姐的一起努力,我们小组团队在比赛中收获颇丰。这也使我深刻地明白团队协作的重要性,让我们最后满载而归。

许兴鹏(2015级　电气学院)

虽然我本身不是学物理专业,但是对物理这方面却有着浓厚的兴趣。在老师的指导下,我们从材料选购、模型设计、机构搭建、算法编程等做起,历时数月。每一次攻克难关,都是能力的提升;每一次战胜困难,都是新的突破。虽然我们团队最终只是获得决赛入围奖,但是我认为在这次创新项目中,收获到的东西更有助于我今后的发展。

丁焦焦(2015级　航空/机械学院)

在老师的指导下和同学一起参加创新项目,可以把书本上的知识与实物结合起来,这是一种很奇妙的感觉,让我更肯定自己在大学里是学了东西的,同时和老师、同学的合作也让我可以了解到一些以前没有接触过的东西,让我收集知识、运用知识的能力在学校里就得到了一定的锻炼。

黄山(2015级　航空/机械学院)

我在老师的指导带领下参加了创新项目,虽然参加的项目不完全是本专业学习的内容,不过在陈老师的指导下我利用所学的知识和其他专业的同学一起完成了参赛作品。老师给我们这个项目的团队提供了整体的框架构思和研究方向,而且在我们作品实施过程中耐心细致地给我们指导并提供建议,力求给我们提供更优的选择。这次项目比赛之后,我更肯定自己在大学里所学的东西,同时和老师、同学的合作也让我可以了解和学到一些以前没有接触过的东西,让我明白一个团队合作的重要性,也锻炼了自己的细心和耐心,这是参加比赛过程中最大的收获。同时我在收集知识、查阅资料、运用知识的能力等方面在这次比赛中也得到一定的锻炼。

第十五届

吴帅(2016级　电气学院)

我于2018年11月开始准备,作品名称是《柔性光伏温室大棚热斑检测及清洗装置》,作品经过搭建与检测后可以正常运行,接着就开始写申报书与参赛报告。此次比赛由我来进行答辩,虽然对作品的熟悉度比较高,参与了这个作品的搭建与测试,但是第一次比赛心中还是比较慌张,因为不知道专家会问些什么,所以心里没底。不过经过学校老师的答辩后,这种心理少了很多,准备得也更充分了些。

因为作品比较大,所以带去常熟理工学院时便遇到了作品太大以至于装不进车的问题,经过各种努力还是无法装车,我们只能先将太阳能板和大棚拆卸,分批装车。其实最担心的就是装运过程中作品会出现损坏。还真的是怕什么来什么,到常熟理工学院后重新搭建大棚及太阳能板还有装载光源装置,当设备装好之后,开始连接电脑进行运行。但是,当真正运行的时候,发现我们的光源装置角落中的灯出现了损坏,经过我们的技术人员检测之后发现,后面光源中的线路板出现了焊接问题,短时间竟然无法解决。本来平静下来的心情又出现了波澜,还好之后老师带来了备用的板子得以在答辩前正常使用。令我印象深刻的是,我们的作品十分庞大,所以在比赛场地吸引了很多的目光,有很多人前来询问。这正好也给我提供了一次锻炼自己的机会。我一一向他们介绍了我们的这个作品。令我比较庆幸的是我们旁边的一组参赛选手,向我们提问了一个较针对我们作品的问题,就是我们这个温室大棚的透光性程度,太阳能板会不会遮盖了大棚中植物的光,从而影响植物的光合作用。这个问题可以说是比较经典了,令我印象深刻,晚上回去时特别留意了这一点,做了详细的答辩稿用来应对之后比赛的答辩。分组过后我们是第一组进行答辩,有一些激动也有些紧张,但一想到自己准备充足也就胸有成竹了。专家来后,先进行作品的介绍,然后专家提问,很凑巧第一个就是透光率的问题,这令我不禁有些欣喜,详细解答后专家又问了作品的推广价值等其他问题,在之前也都做了准备,总体来说这次答辩比较顺利。第二天的颁奖典礼由我们组的代表进行领奖,虽然只得了三等奖,但是也已经心满意足。此次常熟之行收获了很多,也学到了很多知识,同时也让我明白了一个道理:只要做了充分的准备,任何事情都不可怕。

陈森(2015级 航空/机械学院)

经过此次比赛,我充分感受到了机械和电子之间的紧密联系,机械和电子的完美配合向我打开了机电一体化技术的大门,促使我在学好机械专业相关知识的情况下产生了对电子控制的浓浓兴趣。此外,此次竞赛也使我意识到自己在动手能力方面的不足,在这方面,我仍需加强训练。

钱冲(2016级 电气学院)

2018年11月初开始准备,比赛作品为《电磁感应法电流测量和显示》。接着写比赛申报书和研究报告,写好之后便在实验室进行作品的完善和调试工作,发现了不少问题。11月25日早上在常熟理工学院进行答辩,到那边之后发现设备又出了问题,经过一个多小时的调试测试,终于在答辩开始前运行正常。答辩老师进场后我先是介绍了作品的基本原理和设计思路,以及采用的原件和其中的物理原理。

介绍完之后,答辩老师问了我几个问题,我将答辩老师与我之间的问答总结如下:

答辩老师:你先简要说一下什么是电磁感应。

我:绕在磁环上的线圈通电后会产生磁场,在磁环中穿入一根导线,磁场会在导线中产生电动势,称为感应电动势或感生电动势,若将此导线闭合成一回路,则该电动势会驱使电子流动,形成感应电流。

答辩老师:你这个设备测量的电流有多准确?

我:电流可以精确到小数点后三位。

答辩老师:可以这么精确,那你怎么知道测量的电流是准确的?

我:我们用万用表测的,和串口屏上显示的数据进行对比,基本一致。

答辩老师:那这个设备还挺好的啊,你这是用什么进行数据采集控制输出的?

我:用单片机,通过编程实现A/D转换和串口屏通信,进行数据实时显示,还能显示输入电压频率、电流峰峰值等。

答辩老师：你这个作品是手工搭建的，很好，就是不是很好看。

然后其他老师笑了起来，打了分就去其他场位了。其他学校的作品基本都是成品，比较完美。我心里也挺忐忑，下午举行颁奖典礼，获得了三等奖。通过这个比赛，我加深了对专业知识的运用，锻炼了临场发挥能力，获益匪浅！

李威（2017 级　理学院）

在大学期间，通过社团认识了电光学院的老师和同学，与他们一起参加了大学生物理竞赛。比赛期间，队员们团结奋进，积极讨论，不放过每一个细节，才让我们取得了比赛的成绩。当然，成绩属于过去，在今后的日子里，我仍将以一名"十佳学生"的标准严格要求自己，刻苦学习，用优异的学习成绩、优良的思想道德品质、健康的体魄回报父母、回报老师！

谈为鹏（2016 级　电气学院）

物理竞赛比赛落下帷幕，我非常荣幸能成为团体三等奖中的一员。这次比赛表面上来看是我们团队获得了三等奖，而实际上来说获得三等奖的是我们这个学校，因为这个奖是我们师生共同努力的结果，与老师的指导和学校的支持是分不开的。这也体现了老师、领导对学生教育的良苦用心。总的来说，这次比赛收获大于付出，对于以后的生活和学习都是一笔不可多得的财富。我会更加努力去学习去提高自己的能力，我相信自己的明天会更好！

刘逸凡（2017 级　化工学院）

通过这次比赛，我了解了团结的重要性，集体的力量是强大的。两位学长发挥自己的聪明才智发明了货架式双排双层停车装置，而我则负责写有关材料，最终获得了省三等奖。在这次合作中，我学到了很多知识，结识了很多伙伴，大家通过自己的辛勤付出换来了回报。

龙万琴（2017 级　化工学院）

这次比赛，我受益匪浅。首先，通过这次比赛，感觉自己得到了很好的锻炼，在自己的非专业知识领域可以从学长们那里学到很多的东西。其次，团队意识很重要，因为要完成一个实验，一个人的能力是不够的，需要每个人的参与。最后，与学长们一起学习的过程中，感觉自己的能力还远远不够，很多地方都得问学长，要学习的地方还有很多。所以，总而言之，无论什么时候都不能放弃学习！

郝志强（2017 级　理学院）

很高兴能有这次机会参与到物理竞赛当中去。尽管整个过程中我只是做了力所能及的小事，但是收获颇多，并且体会到了团队协作的重要性，希望以后还有更多的机会。

王蒙蒙（2017 级　化工学院）

参与这次物理竞赛收获很多，懂得了团队合作的重要意义，在学长们的带领下不光学会了很多理论知识也提高了自己的动手能力及查阅借鉴资料的能力。在以后的学习生活中要牢记这次的经验，更好地提升自己的水平。

7）获得成果

第十四届

"江苏省高校第十四届大学生物理及实验作品创新竞赛"在苏州科技大学举行。本次竞赛由省高校大学生物理及实验创新竞赛组织委员会主办，省物理学会、苏州科技大学承办。本次竞赛全省共有49所高校递交了411件参赛作品。经复审,314件作品入围决赛,最终评选出一等奖42项、二等奖80项、三等奖126项。

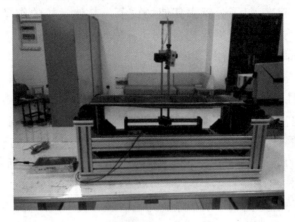

第十五届

"江苏省第十五届大学生物理及实验科技作品创新竞赛"于11月23—25日在常熟理工学院举行。该竞赛由江苏省高校大学生物理及实验创新竞赛组织委员会主办,江苏省物理学会、常熟理工学院承办。本届竞赛共有43所高校参赛,共提交422件作品,最终入围决赛作品298件,经过竞赛评委会严格评审,共评出一等奖41项、二等奖87项、三等奖131项。

电磁感应法电流测量和显示

无线接收去噪扩音器

货架式双排双层智能停车装置及控制实现

柔性光伏温室大棚热斑检测及清洗装置

4.10 全国三维数字化创新设计大赛

1) 题目

第八届

光机电在线测控教学创新实验平台

三维摄像头检测模拟机构中的锂电池极片

第十届

虚拟检测实验室

第十一届

模拟无人机的柔性光伏板温室大棚热斑检测平台及其自动清洗装置

第十二届

沐光新农——柔性光伏温室大棚筑梦乡村振兴

智能视觉工业机器人分拣装配流水线货物系统

水系江南——售楼处设计

2) 参与学生

第八届

李金正(航空/机械学院)、张龙佳(航空/机械学院)、张雯(光电学院)、周芝凯(光电学院)、李贞(光电学院)、张嘉瑞(电气学院)、时翀翀(电气学院)、倪瑞茜(经管学院)

第十届

季凯(土建学院)、任永祥(电气学院)、许兴鹏(电气学院)、华伟(航空/机械学院)

第十一届

陈森(航空/机械学院)、钱冲(电气学院)、潘超(电气学院)、罗昊(电气学院)

第十二届

袁鑫(电气学院)、徐雨果(航空/机械学院)、庞贺振(光电学院)、唐明轩(电气学院)、杨坤(电气学院)、王日成(航空/机械学院)、胡文耀(电气学院)、孙宝翊(电气学院)、钟金超(光电学院)、马驰宇(电气学院)、戴薇(土建学院)、费天翔(电气学院)、赵本松(电气学院)、潘煜(电气学院)、周蓉(电气学院)

3) 指导教师

陈功、许清泉、杨辉、蒋莉

4) 作品内容

作品详细内容请扫书后二维码。

5) 教师感悟

第八届

学生团队的构成主要来源于机械学院老师的推荐、笔者所教授电光学院和经管学院的学生。其中,机械学院的2名学生以及电光学院学生李贞负责SolidWorks软件的绘制,其他学生分别负责PPT制作、视频制作等任务。

三名主要完成者,几乎天天在实验室拆解实物原型、绘制SolidWorks软件,甚至在暑假期间仍旧从早忙到晚。对于电光学院的学生,由于从未接触该类型软件,尤其不易,软件完成以后,需要将软件Camtasia Studio做成视频,这对于其他同学来说也是新的挑战。大家通力合作,在老师们的指导下完成了该比赛的所有内容。

尤其值得强调的是,该比赛内容来源于跨界团队教师的科研项目,而且"三维摄像头检测模拟机构中的锂电池极片装置"之前已经参加过学校的相关比赛,作为延伸,进一步在3D比赛中获得了新的成果,体现了教师的跨界、项目的跨界、学生来源的跨界、学生竞赛的跨界、竞赛平台的跨界。其中电光学院从未参与过该类型的比赛,这次也是首次尝试。

3D比赛并不是该项目的结束,而是新的起点,团队成员在教师指导下,继续在3D模型搭建好的基础上,陆续撰写了3项发明专利,并最终全部获得授权。这些授权的发明专利和获奖证明给予了三名学生研究生复试极大的帮助,一名学生考入211大学南京航空航天大学,一名考入211大学上海大学,另一名学生考入上海电力学院。其他学生也凭此进入了理想中的就业单位。

第十届

2017年有这样的想法,继续参加3D比赛的原因是想构建一个虚拟检测教学网站,将企业生产线检测设备、实验室检测设备、虚拟检测设备和软件结合在一起,方便学生学习。结合往年参加3D比赛的成果,这次的想法是构建虚拟检测实验室。但是建筑方面的三维制作身边并没有这样的学生具备这样的能力,想起以前在学校教师培训会时认识的土建学院的教师,于是让她推荐1~2名学生参与这次比赛。土建学院的学生参与的过程也是一波三折,第一位学生做了几个月,模型也搭建好了,可是最后由于全力准备考研而放弃了,中途只能另找一名土建学院的学生接手,历经交接和不断修改的过程,再结合前两年参加比赛的成果,作品初步模型就已经完成,最后结合机车学院和电光学院学生的视频制作、PPT制作,本次比赛的作品在大家共同的努力下最终圆满完成。

可以说，从这样一个角度，将建筑、电气设备互相结合也是充满了创新，比赛的结果也是意料之中，创新性获奖。由于时间短创作的艺术表现力差些，没有获得更高的奖项，但是作品的立意能得到专家的认可我也十分欣慰。

第十一届

在给机车学院学生上课期间，惊喜地得到一名学生的自我推荐想要参与到教师的课题组。该竞赛的来源为常州市重点实验室项目，主要侧重于柔性光伏大棚的搭建、热斑检测和清洗。在该作品实物初步搭建之初，学生多次和我交流如何实现清洗过程，而且思想的碰撞带来了系列专利的撰写和申报。

暑假期间该学生留校一个月与参加电子竞赛的电气学院学生共同在一个房间，完成了各自的竞赛任务。由于该学生不断的努力，最后完成了三维制作、PPT课件以及视频制作的绝大部分工作，再加上小组其他成员的积极配合，比赛的结果也是意料之中。

作为指导教师，我觉得明确的目标、坚韧不拔的精神、乐观的心态和积极融于团队的品质是该学生不断获得成功的保证，后续的成果也进一步证明了该学生的爆发力。

第十二届

光伏大棚省赛获得特等奖、国赛获得一等奖既是意料之外也是情理之中。因为该作品的第一代雏形自去年参加3D比赛，之后陆陆续续参加了各级比赛均获得了荣誉，而且借助嵇明军大师工作室平台和《现代快报》小记者活动的媒体介绍以及常州电视台对于学校"一院一镇"的关注，所以该作品具有其他作品不具备的优势。此外，温室大棚企业、草莓种植园、天合光能等企业的调研和报告更进一步充实了该作品的实际应用价值。

但最终要靠作品三维设计图的质量比高低。暑假期间学生组队，航空学院的学生负责三维设计，而电气学院和经管学院的学生负责去企业调研，提供三维设计的素材，电子信息专业的一名学生之前在学校网管中心负责视频制作，通过同学推荐加入竞赛组完成了视频的后期制作。国赛前期，为了增加比赛获奖的砝码，在教师指导下完成了小型模型的制作，初步可以实现无线光伏的移动和水流清洗、植物浇灌。学生一路将模型带到云南最终也带来了最高荣誉的喜讯。据参赛学生的反馈，最后决赛专家提问环节，基本没有询问三维设计相关的问题，而是问了该作品的实际应用价值和前景。因此，决赛总体来说比拼的不再是画得如何，而是实际应用价值。以下为所带的实物模型图。

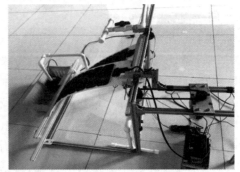

6）学生感悟

第八届

张龙佳（2013 级　航空/机械学院）

在老师的指导下，参加了全国三维数字化创新设计大赛获得了江苏省二等奖并申请了一项发明专利。这次比赛经历是我大学四年里最宝贵的财富。这次比赛不仅锻炼了我对三维软件 SolidWorks 的熟练运用，而且还提高了我的团队合作能力。通过准备比赛用的材料，我还自学了其他软件，例如 Photoshop、After Effects 等。这次比赛不仅使我的大学生活变得很充实，而且还提高了我各方面的能力，开阔了眼界。赛后撰写了《光机电在线测控教学创新实验方法》发明专利，这不仅提高了我文档编辑的能力，而且对如何申请专利、应该准备什么材料都有了清晰的认识。并且申请的这个专利成为我研究生面试的一块敲门砖，因为我研究生专业选的是机电控制方向，而本科专业是材料成型，与所报考的专业没有太大的联系。正因为有《光机电在线测控教学创新实验方法》的发明专利，导师才会留意我。所以参加三维数字化创新设计大赛，撰写发明专利是我大学四年里最宝贵的一次经历。

李金正（2013 级　航空/机械学院）

参加 3D 大赛让我学习到很多东西。3D 比赛虽然强调三维软件的熟练程度，同样做出炫酷的视频也能够吸引别人的眼球，而作品拥有创新点则是能够获得好成绩的重要法宝。这三者缺一不可，这就要求我们在组建团队时要有明确的分工，各有所长，在这基础之上相互合作。这次比赛让我意识到团队的重要性，没有优秀的个人，只有优秀的团队，一个人想要完成整个环节是相当困难的。我在团队中主要负责三维的创建，由于本身学的是机械专业，对三维软件有一定的基础，再通过自学，对于一般的建模也能做到得心应手。因此在建模过程中并没有遇到太大的困难。

这是我第一次撰写专利，老师交给我任务时，我也没有好好地了解专利的撰写要求，就在那瞎写一通，结果当然是被否定。后来便到网上查找专利撰写相关的要求，仔细研读之后才恍然大悟。原来专利并不需要华丽的辞藻，只需要严谨地表述即可。这件事一直刻在我的脑海里：做一件事不要盲目开始，那样只会浪费时间，只有做好充足的准备才会事半功倍。这让我在之后的考研中也受益匪浅，我不会盲目地开始准备，会在考研之前上网了解考研的各种要求、各个环节，不懂的就向学姐学长请教，做到心中有数，什么时候该做什么，什么时候应该掌握什么，什么时候应该达到什么水平，这让我明白了规划的重要性。认真做好每一件事情，用心去感悟，才会得到锻炼、不断成长，会在之后的某一时刻、某一件事上得到体现。

张嘉瑞（2012 级　电气学院）

2015 年，我在老师的指导下，参加了全国三维数字化创新设计大赛，并获得了三等奖。在这次比赛中我获得了很多的帮助与激励，成为我人生中一份宝贵的财富。因为是以团队合作的形式进行的比赛，所以我明白了团队合作的重要性，也明白了责任的重要性，不管你在团队中分担什么任务，你只有把你的部分做好，有剩余的时间就多帮助你的队员，才能有质有量地完成作品并取得一定的成绩。在本次比赛中，我掌握了 SolidWorks 软件，对三维立体视图有了一定的了解，这项技能我相信未来也会有很多的帮助，并且我还熟练掌握了 PR 视频编辑软件。此次比赛不仅让我学习了很多其他的技能，而且让我对自己有了肯定及信心，让我明白这些技能及能力的重要性。这次比赛是我人生中一段很宝贵的经历。

第十届
季凯（2014级　土建学院）

跨专业配合电光学院的老师，并和老师一起完成了3D大赛的项目。建模过程中，我初步了解到了实验室各种机器的操作，学习到了之前从未接触到的知识，让我不得不感慨每台机器的精密性和虚拟未来发展的前景。配合其他学院的学生，更让我意识到合作的重要性，陈功老师充分发挥每个人的特长，才会让我们取得一定的成绩。

许兴鹏（2015级　电气学院）

在大学期间积极参加创新项目，不仅让我增长了课外知识，提升了团队协作能力，更让我增长了动手能力。准备3D大赛的时候，队友们之间相互交流，改进创新，在当前"创新驱动"引领下，"中国制造"向"中国智造"转变的新时期，我励志争先创优，精益求精，发扬工匠精神，向着"数字工匠"努力。

第十一届
陈淼（2015级　航空/机械学院）

全国三维数字化创新设计大赛是一个集三维模型建立、模型渲染、运动仿真、视频制作于一体的比赛，它应用到了SolidWorks、KeyShot、Corel VideoStudio、PowerPoint等众多软件，夯实了我在三维软件SolidWorks应用方面的基础，锻炼了我在其他软件方面的应用能力，促使我对团队合作精神有了更加深刻的理解，也使我意识到自己在三维软件SolidWorks应用上仍有不足，仍需保持清醒，继续努力。

钱冲（2016级　电气学院）

通过大赛，我的团队意识得到很大的提升，我意识到没有优秀的个人，只有优秀的团队，单靠一个人是很难完成好一件事的。在这里，我收获了成长，收获了友谊。很感谢我们学院和3D大赛主办方能够给我们在校大学生提供一个这么好的锻炼自己的平台。

潘超（2016级　电气学院）

大二期间跟随陈功老师做研习工厂的项目，在做项目期间，同学之间互帮互助，建立起了深厚的友谊，在陈功老师那也学到了很多理论和实践方面的知识，我收获颇丰，这是一个充满意义的大二生活。

罗昊（2016级　电气学院）

在校期间，配合老师完成江苏省机械创新大赛的项目，创造出一种适于小区上层的停车装置，之后又制作出了柔性光伏板大棚自动清洗装置及热斑检测平台，获创新设计大赛二等奖。队员之间互相合作，共同探讨，也让我在错误中不断成长。我从实验中收获了很多，也认识到自己还需要不断努力。

第十二届
徐雨果（2017级　航空/机械学院）

距离全国3D大赛结束已有一段时间，我很荣幸能有这个机会来跟大家分享一下我的参赛过程及参赛感悟。

通过这个比赛，我学到了很多在平时的学习中学不到和感受不到的东西，在比赛作品的绘制过程中,各种传感器的使用、各种算法的编制、各种机构的设计都是我之前并未接触到或仅仅是了解的东西,这些都开拓了我的眼界,让我学到了以前书上没有的东西,学到了专业以外的东西。同时,参加比赛是对一个人各个方面能力的全面锻炼,是一个自我提升的过程。这个过程中所得到的经验对以后的学习、工作和生活都会有很大的帮助。通过参加比赛,我们收获的不仅是理论知识和技术,更是团队间的完美配合。

在比赛前几个月,老师就找过我很多次,跟我讨论、讲解我们比赛作品的设计理念、工作原理等,但因为那段时间忙于准备考试,虽然自己也时常会思考作品的一些设计,但却并未十分上心,一直等到考试全部结束,自己才算是全身心地投入作品模型的制作中。这也导致了最后我们的时间很紧张,有很多设计细节并未十分完美地展现出来,所幸最后结果不是太差。

在一开始接到这个任务的时候,说实话,我是十分紧张的。因为这是第一次一个人单独地绘制一个完整模型。在之前的学习和比赛中,自己都会有学长的指导和帮忙,而这次却是需要我自己单独完成这个模型的绘制,虽然老师在旁边指导,但心中总是害怕自己弄不好。但是随着进度的推进,慢慢地,自己感觉没有那么紧张了,模型的制作也变得得心应手了。当你懈怠的时候,问题就会来找你了!果不其然,我开始遇到各种问题,一些本来设想得很简单的东西,等真正去画的时候,发现好难实现。由于制图软件的局限性,很多本来构思的东西并不能实现。为了保证作品的美观性、合理性,并且还要与我们的设计理念符合,我开始查阅各种资料,希望能够找到解决办法,我相信办法总比困难多。制图软件不能绘制出柔性的物体,那我就换一种思路,用不完全限定的固体在视觉效果上代替柔性的物体;建模过程中有很多的曲面建模,因为曲面的不确定性太多,所以最后装配时总会遇到不重合的问题。为了保证模型的整体效果,只能回头重新调整模型,有些模型由于本身复杂并且关联的模型多,往往一调就是半天时间。这个时候人也是最烦躁的时候,明明一天都坐在那里弄,等到晚上的时候却什么都没弄好,心里是十分郁闷的。

花去大半个月的时间,模型的绘制终于接近尾声。这个时候要开始做视频并且渲染效果图了。由于电脑硬件的原因,视频的制作和图片渲染进度十分缓慢,一个20秒的视频,却要等一两个小时的时间。不过,看到自己制作的视频和渲染出来的图片得到老师和队员的认可,自己的努力也都是值得的了。最后在全队队员的帮助下以及在全队的努力下,终于在月底把所有参赛需要的东西都准备好了。

最终比赛的结果没有辜负我们所有人的努力,全队成员放弃一个月的暑假时间和之前多个周末时间准备的成果,得到了评委的一致认可。我们的作品获得了省赛特等奖。省特等奖意味着我们的作品入选了,要进入国赛阶段了。

接下来自然又是一番准备,全队成员又赶紧集结,利用业余时间进一步完善作品,准备国赛资料。这个时候要按照比赛官网的国赛文件准备相应的国赛材料,有些需要修改的就修改,模型之前不完美的地方抓紧调整,视频展现效果不够好的要重新制作,实物模型的控制程序抓紧调试等一系列事情。最后,我很荣幸地被老师选上和我们的队长一起去参加国赛。

国赛的举办地点在云南玉溪,这对于我们这些要带模型的队伍来说,是一个不小的挑战,尤其是我们这种实物模型比较大的队伍。我和我们队长两个人,推着行李箱,还得抬着一个半人多高的装着模型的箱子。好在我们的队长十分靠谱,在他的合理安排下,一路上走走停停,终于按时赶到了国赛场地。

国赛开始的前一天晚上,是比赛的开幕式。参赛队员应该在现场参加开幕仪式,但因为第二天就是比赛了,为了防止比赛时出什么意外,并且希望能有一个好的发挥,我和我的队长在处理完比赛事宜后,就早早回到了房间。我们在那里一遍又一遍地练习PPT,在那里设想第二天评委会问什么问题,我们又该怎样去回答。就这样,我俩一直练习到晚上十一点钟,想着再查一遍资料就睡觉了。结果,却发现新剪辑的视频出了点问题。视频里面的字有些被遮挡了。为了保证效果,我们又赶紧联系了我们队负责视频的同学。这件事也警示了我,以后做事千万不能掉以轻心。还好这次是在比赛前发现了,不然后果很难想象。

比赛过程很顺利,结果也没有辜负我们的努力。虽然没有拿到国赛的最高奖项,但我们的成绩已经不错了。在这里,我还要感谢我们的老师。老师陪伴我们走完比赛的全程,虽然有些时候会因为我们做得不好而训我们几句,但我能感受到老师对我们的期待,他利用没课的时间一遍遍地给我们指导却忘了自己的劳累。在最后的关头老师陪我们晚睡早起,一遍遍地耐心为我们改正,为我们指出每一个细节中的不足。在我们出去比赛前,老师还再三叮嘱我们出去要注意安全,不要吃不干净的东西等。在这里我想说一声:老师您辛苦了,谢谢您!

总之,虽然比赛的结果是重要的,但是,在准备的过程中,在比赛的过程中,你会收获到更真实的东西,你会收获到更加充实的大学生活。

袁鑫(2018级 电气学院)

这是我第一次参加国家级比赛。经历了几次比赛,我发现如果为了比赛而去比赛,即使有一个非常好的想法,但是缺乏系统的分析思考,对于项目的可行性分析比较少,往往都取不了好的成绩。只有想着怎么让项目产品发展得更好,怎么才能使创新点越来越多、发展可持续,这样在赛场上才能更加游刃有余,比其他选手更加有优势。

3D大赛注重的是创新性,但是我们不要想着能不能做出颠覆式创新,万事万物的发展都是螺旋式上升的,从来没有一步登天。而微创新适合大部分人,即在现有的项目基础上,发现可以改进的地方进行创新。我们在做项目的时候,要善于发现项目本身的局限性和弊端。一旦想到解决办法的时候,就完成了创新,接下来就可以写一些专利给项目做支撑。

每个比赛中所展现出来的一定是这个领域内最前沿、最尖端的技术,我们也可以在比赛中发现很多其他人新颖的想法。在3D大赛的现场,我看到了各种各样的三维建模、3D打印机及三维技术在各行各业中的应用。

前期准备比赛时,有一位创业导师说项目不分好坏,最主要的是能不能很好地将项目展现在评委的面前。讲稿要有逻辑,要突出优点、重点、亮点和特色。开头可以用一个小故事,或者说一个评委熟悉的场景,将评委带入设定好的情境中,这样可以引起评委的共鸣,引出你们的产品,引导评委的思路。在比赛前进行多次模拟,找到其中的不足。不要死记硬背,记住框架、逻辑、重点语句和概念即可,即使遇到问题,也能够随机应变。

制作幻灯片要按照讲稿的逻辑,设计一个和项目有关的Logo,挑选一个和项目贴合的背景颜色。我做的是柔性光伏温室大棚,就选择了绿色,设计出了一个与"苗"有关的Logo,幻灯片多用图片,再配以简短的说明,具体的陈述都在讲稿中体现。利用权威文件,多用数据说话,播放演示视频,展示产品实物。这几点也是加分项,能够让项目本身具有信服力。另外,比赛携带实物不要怕麻烦,虽然在比赛时很少有团队会带实物,但是如果携带,一定会让评委眼前一亮,关注点就会全在你这里。这对获得比赛的大奖绝对是有帮助的。

进入实验室一定是辛苦的,除了完成正常的学习任务外,课余时间需大量地投入到项目中去。也就意味着其他的活动少很多,但是时间的规划能力会得到很好的提升。老师经常说的一句话:能者多劳。既然有时间,那为什么不找点事情做做呢。获得专利、比赛获奖对将来的考研和就业都会有好处。

戴薇(2016级 土建学院)

此次3D比赛已落下帷幕,我组所选的是数字人居设计。这次大赛从开始到结束一共花了大约一个月时间,下面我将这次的比赛过程做个总结。

网上报名:这次比赛我们是在暑假期间完成的,2019年7月1日暑假之前电气学院负责老师找我们商量参赛事宜,由于我是建筑学专业的便决定将参赛方向选为数字人居大赛,由土建学院建筑学专业老师蒋莉加盟指导。确定了小组人员之后我们便进行了网上报名。

选题讨论:7月5日暑假正式开始时,我们参赛人员都申请了留校研究,因为建筑学专业涉及面较广,我们都集中在了一个教室学习,老师也在特定时间出现,方便为我们进行指导和解疑。数字人居大赛的主题是"水系江南——售楼处设计"。这个选题是结合常州地处江南,水系萦绕而且适宜人居而选的。为打造更高品质的居住环境和展示当地特色的风貌建筑,我们选择了一个小的单体建筑——售楼处进行设计。

基地调研:比赛初期即7月5日—7月8日,我们进行了实地调研。现在越来越多的销售并不是楼盘实体,而是待建的楼盘,这时就需要一个供买卖双方沟通和交易的平台,这时售楼处就应时而生,成为城市中一道亮丽的风景线。了解当地建筑风貌以及水土文化等成了首要任务。此次建筑设计的基地位于江南水乡,因此是以江南水系为主题元素进行的售楼处设计。

文献调研:7月6日起我们小组便在网上搜索相关文献并集体讨论,探讨方案。我们反复对此次售楼处设计进行推敲,结合售楼处作为购房者与房地产开发商进行购房了解、认识的场所,明确了此设计应能让业主在进行购房选择的时候感受到整个楼盘的设计风格,进而产生购房的浓厚兴趣。

方案研究:文献调研之后进一步确定了我们的设计理念,即售楼处在楼盘销售中发挥着代言作用,它的存在也是对当地住宅文化的一个形象展示。因此在设计中需考虑将售楼处与当地楼盘紧密相连,把售楼处融入整个项目楼盘的设计中去。设计原则遵循可持续原则,传统的售楼处仅仅为临时的售楼建筑。当楼房销售结束后,售楼处就结束它的任务,然后就面临着被拆毁或处于空闲状态。而如今的售楼处很好地实现了由传统的临时建筑转变为可重新利用的建筑。例如,售楼处与周围的商业相融合,形成商业会所、咖啡馆等商业建筑,同时售楼处也可作为住宅区的生活馆,即在此进行一些活动,如交谈、休息、参观等。

方案深化:下一步是将我们的概念性方案集中与指导老师进行讨论,老师对我们最初的方案提出了不少建议,由于我们的实践经验不足,因而对于这样的概念把握得不是很牢。在老师的指点下,我们对这个思想有了更深刻的理解。

确定了概念方案后我们便分工进行,由我作为组长进行分工,项目内容主要由画图和建模组成。我进行方案的推敲,各组员便负责细化,当然方案并不是像概念性的那样简单易操作,我们在画图和建模的过程中也的确发现了许多之前没考虑到的问题。例如基地中的一些死角的利用、人流的疏散等,基于此类问题我们不断地去找老师沟通,也进一步查询网上的案例,直到问题得以解决。

成果制作:差不多过了一大半时间,7月18日方案总算定下来了,接下来我们将大赛的几项规定反复阅读,并确定了最后所需要上交的部分。随后我们组内便更新了第二轮的任务,除了画图、建模外,又多了渲染、视频剪辑、PPT制作等,这一系列的制作过程都不是独立的,必须得经过组员之间的互相配合,7月下旬我们不断地把制作中的成果拿给老师检查与修改,越到最后,需要注意的地方反而更多。

提交成果:在截止日期7月31日前我们已将最后成果制作好。经过反复核对效果图、视频以及PPT等,我们才将作品按照官网发布的方法进行提交,以保证提交上去的作品没有任何纰漏。

结果公布:很荣幸获得了省二等奖的荣誉,也很感谢此次3D比赛。它既丰富了我的暑假生活,还增长了我的实践经验,当然这些都离不开老师的指导、组员的配合。

7) 获得成果

第八届

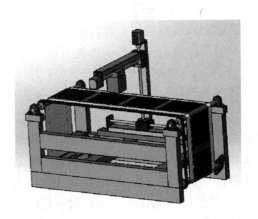

第十届

第十一届

第十二届

4.11 "领航杯"江苏省大学生数字媒体作品竞赛

1) 题目

2017：

插上科研的翅膀

2019：

沐光新农——柔性光伏温室大棚筑梦乡村振兴

机器视觉三维动画

2) 参与学生

2017：

娄曦璐（光电学院）、张雯（光电学院）、李春香（光电学院）、周芝凯（光电学院）、李贞（光电学院）、倪芮茜（经管学院）、袁月（经管学院）、冯善芝（经管学院）、蔡紫君（经管学院）、栾宇（电气学院）

2019：

徐雨果（航空/机械学院）、唐明轩（电气学院）、唐峣（电气学院）、马驰宇（电气学院）、潘煜（电气学院）、王日成（航空/机械学院）、冯海瑞（电气学院）、孙宝翊（电气学院）、曹德政（电气学院）、陈晨（电气学院）

3) 指导教师

陈功、戴竹君、许清泉

4) 作品内容

2017：

［工作人员］

导演：娄曦璐、倪芮茜

制片人：陈功

编剧：娄曦璐、张雯、李贞

后期制作：倪芮茜、袁月、冯善芝

灯光师：冯善芝

化妆师：蔡紫君

道具师：李春香

音频制作：周芝凯、栾宇

概述：一位大学生的励志生活

［影片主要人物］

男主角：李贞

其余参演者：陈功、李春香、袁月、张雯

故事梗概：李贞在学校由内向走向自信，参与大学生创新，经常会遇到困难，但经过一步步地努力，最终获得成功。

［正文］

第一幕

时间：李贞大学二年级

地点：院士楼多媒体教室

人物：李贞以及老师和一些参与研究的同学

教室前方挂着投影仪，投影仪上写着"USB 摄像头在锂电池极片模拟生产线检测"，李贞站在讲台上，台下坐着老师和同学们，李贞在向同学们介绍他参与的研究项目，显得十分自信，同学都认真地聆听，李贞的声音在教室回荡。

第二幕

（音乐背景：《一生的路陪你》）（一年前）一辆 BRT 缓缓驶入车站，李贞从车站走出，一个人背着包，拖着行李箱，往学校走去。

画外音："我叫李贞，经历炼狱般的高考，我终于成为一名大学生，可以开始丰富的大学生活，自由地追逐自己的梦想。可是……一想到家里卧病在床的父亲、年幼的弟弟，所有的担子都落在了瘦弱的母亲的肩上，我没法像其他学生一样无忧无虑。对于未来如何，能否顺利毕业、找到好工作、养活一家人，一切都未可知，我能做的只有努力！"

第三幕

（音乐背景：《不要丢下我》）李贞独自一人在操场跑道上跑步。内心独白："大学的生活虽然丰富多彩，但来自小县城的我有点害羞，由于家境的关系，我不敢和同学很亲近，觉得自己和其他人不一样。我与他们，仿佛隔着一道墙，他们进不来我也出不去……我经常一个人在操场跑步,一个人慢慢地跑,思考关于学习、生活的问题,这样也能让我回避与同学相处的尴尬。"

第四幕

内心独白:"渐渐地,同学们好像是发现了我的胆怯,他们经常主动和我搭话,在我一个人独处的时候,会主动来邀我一起打球。"

李贞在宿舍看书,舍友甲走过来,拍了下他的肩膀说:"李贞,去操场打球吧,走,就差你一个了。"

李贞和舍友们来到篮球场打球,由于不经常打篮球,李贞显得有点笨拙,总是投不进,他渐渐变得灰心,这时,舍友乙发现了,(音乐背景:《不奢求什么》)故意从侧面传球给李贞,李贞在篮下向上一投,球终于进了,李贞笑了,大家也笑了。

内心独白:"我觉得我的大学生活被阳光照亮了。"

第五幕

李贞在图书馆查找资料。

画外音:"温暖的大学生活,让我更加有努力学习的干劲,我不是富二代、官二代,我只有靠申请生源地助学贷款才能继续读书,家里的弟弟还在念高中,不拿出成绩来,怎么让父母安心,怎么减轻家里的压力,我不能辜负父母对我的期望,我要为了家人和自己争一口气!"(音乐背景:《北京夏天》里的那段口哨声)

第六幕

(字幕)李贞加入了电气与光电工程学院指导的大学生创新团队,参与研究《USB摄像头在锂电池极片模拟生产线检测》的项目,老师给每位同学布置了任务,这一天,老师带领同学们到某企业观看对USB摄像头的现场调试。

(某企业门口)

陈功:"这就是我们今天要参观的企业了,我们将在这里现场观看企业里的技术人员是如何对USB摄像头进行调试的。李贞,你负责的是我们项目中的调试这一环节,尤其要认真看,知道了吗?"

李贞(略带压力,跃跃欲试):"好的,我会仔细观摩的。"

(老师带领学生们走进企业大门)

(技术人员在进行调试,李贞与其他同学在周围认真观看。在技术人员的指导下,李贞对机器进行调试。)(音乐背景:《难道》)

(参观结束)

陈功:"今天的参观就结束了,回去你们按照今天学到的,完成各自负责的任务,明白了吗?"

集体回答:"明白了。"

第七幕

某一天夜晚,李贞和几位同学在一起做着各自负责的任务。

女甲:"我差不多了,你们好了没有?"

女乙:"我好了。"

女丙:"我也好了,那我们走吧。"

三位女生起身整理,准备离开,此时李贞还在忙于自己的任务,他好像遇到了一点麻烦,她们走到李贞身边。

女甲:"李贞,你还没弄好吗?我们要走了,你也早点回去吧。"

三位女生:"再见。"

李贞:"再见。"

李贞继续研究。

(字幕)三十分钟后。

李贞还在继续琢磨,可是没有结果,他焦急地敲打键盘。

(转场)

夜色朦胧,华灯初上。李贞在研究无果的情况之下,依靠在窗边,任由冷风吹打在脸上。

内心独白:"我真是太没用了!明明在企业技术人员指导下能完成的,为什么现在却不行啦?连原因都找不出来,难道我根本就没有独立动手的能力吗?柱老师还那么信任我!怎么办?这样的我,怎么对得起日夜操劳的妈妈和卧病在床的爸爸?"

这时楼道里传来脚步声,陈老师走了出来,看见了李贞。

陈功:"李贞,你怎么还没走啊?"

李贞:"诶,陈老师!"

陈功:"是不是研究上有什么困难呀?"

李贞:"额……那个……是有几个小问题弄不明白。"

陈功:"那我们一起去看一下吧。"

李贞和老师走进实验室,老师和李贞一起坐在电脑前。

第八幕

(字幕)李贞参与的常州工学院"科技改变生活"方案设计获大赛二等奖、2014年常州工学院首届大学生创新创业成果展二等奖、2014年度校"挑战杯"大学生课外学术科技作品竞赛二等奖。

陈功:"这次我们这个科研团队所参与的科研项目《USB摄像头在锂电池极片模拟生产线检测》获得了2014年常州工学院首届大学生创新创业成果展二等奖、2014年度校"挑战杯"大学生课外学术科技作品竞赛二等奖。这是全体同学共同努力的结果,尤其是李贞同学负责的首届大学生创新创业成果展的现场解说、CAD的三维画图和发明专利的插图绘画还是很有难度的,接下来李贞同学还要以此为基础,积极准备2015年7月份的全国大学生三维动画比赛。下面有请李贞同学上台来为我们讲解一下他研究的成果和下一步的计划。"

李贞面带微笑地走上讲台。

李贞:"CAD软件这方面的强大软件功能大家应该都比较清楚,软件功能越强大学起来可能会相对比较困难,在设计中通常要用计算机对不同方案进行大量的计算、分析和比较,以决定最优方案;各种设计信息,不论是数字的、文字的或图形的,都能存放在计算机的内存或外存里,并能快速地检索……"(开始侃侃而谈)

演讲内容展开(李贞完成)(与第一幕呼应)

画外音:"这就是我的大学,有失落,有挫败,也有关爱和温暖,更重要的是努力不放弃,就一定会有收获!"

片尾音乐响起。(《我要飞》)

5) 教师感悟

从脑子里冒出尝试拍摄学生励志微电影的想法到最后学生最终完成剧本和微电影的过程,可以说是心情复杂,百感交集。碰巧教了一个班级,碰巧有一位热爱科学研究并励志的大学生,碰巧有一群支持他完成微电影梦想的班级同学,也碰巧在跨界团队的课题组中,大家共同为同一个梦想完成了电类专业学生的跨界之作。也许视频的拍摄技巧在行家眼里还是很稚嫩,也许视频不是绝对意义上微电影,但是当手捧剧本,听着电脑中励志昂扬的背景音乐,看着一帧一帧熟悉的校园和学生的画面,还是由衷地为学生感到感动和骄傲。

记得刚开始构思剧本的时候,大家分工合作,在夜幕下商量剧本,为了某一个拍摄画面争论不休,记得大家拍摄前期由于缺乏专业视频设备,纷纷拿起平板、手机记录下每个精彩瞬间,也记得在篮球场上、足球场上、实验室里,负责摄影、灯光、录音、化妆、道具的同学一遍又一遍不厌其烦地拍摄微电影的时刻,其中有骄阳下篮球场上几位男同学积极地配合主人公精彩的过人投篮视频,有大家迎着朝霞拍摄校园风光的场景。到了后期的视频制作部分,为了进一步丰满视频的细节,还特地邀请了校外的同学帮助后期旁白的配音。

虽然参加过几次比赛,但还是由于各种原因并未获奖。功夫不负有心人,2016 年、2017 年作品相继获得学校"助学·筑梦·铸人"主题视频征集活动二等奖、江苏省"领航杯"信息技术应用技能大赛三等奖以及俄罗斯北高加索联邦大学国际创意视频大赛"我的城市、我的大学、我们的传统"中俄学生视频大赛团体三等奖。大家的努力不断地得到了认可。

对于一名工科的老师,能够拍摄微电影并且得到认可,如果不通过跨界的形式组织实施是难以想象的。同时如果让擅长拍摄微电影的人文教育、艺术类学生去拍的话,若没有工科创新项目的支撑也难以实现这种题材的背景。因此虽然是一种尝试,结果却是让人欢喜和欣慰。

6) 学生感悟

娄曦璐(2013 级　光电学院)

大学期间,我有幸加入了陈功老师创立的大学生创新团队,这是我在大学期间参加的最重要的社团。在这个团队里,陈功老师根据每个人擅长的领域给我们分配不同的研究项目,我们有的跟着老师一起参加比赛,有的做实验。我参与的项目是微电影的拍摄,这对于当时的我来说,是一个从来没有接触过的领域。

从借摄影器材开始的每一步都是一个或大或小的困难,完全没有经验,就连拍摄设备出问题都是靠摸索解决。前期的工作还算简单:写剧本,布置场景,拍影片片段之类的,也算熟能生巧。对于我来说真正磨炼意志的是后期视频剪辑。不仅要分解片段、做镜头转换、消噪、配字幕、配乐,还要掌握整体节奏,使视频内容跟音乐呼应。关键是,在视频制作时,电脑几次崩溃,一切都要重来。

在老师的帮助下,我们将作品投稿参赛。最终,我参与的这部微电影也获得一些成绩,看到在这期间的种种收获,我觉得一切都是值得的。

其实,参加大学生创新团队,我最大的收获,并不是说学会了什么技能,而是让我自己肯定了自己,让我相信自己。在我现在的生活中,遇到难事,我都会去选择面对。任何技能都是可以通过反复练习去掌握,而这种对待事情的态度,才是对我今后生活最有帮助的。

感谢与我一起挥洒汗水、付出努力的伙伴们,相信我们每个人都会拨云见日,未来可期!

袁月(2013级　经管学院)

关于这次微电影的制作,我感受最深的是从镜头到场景、段落、成片的跨越,剪辑赋予了视频新的生命,这是一部属于我们自己的微电影。

冯善芝(2013级　经管学院)

记得大二的时候参与了老师的创新小组,虽然没有能够为小组做什么,但还是对当时的情景记忆犹新。当时小组成员们想着应该为创新活动做一个推广,而现在随着互联网的普及,草根群众也能根据自己的想法拍一些有意思的视频——微电影。于是,一群人便浩浩荡荡组成了一个小剧组,开始了微电影的拍摄。微电影的主角是创新小组的主力,围绕着他展开一个普通大学生蜕变成功的励志故事。前期,最重要的是要琢磨出一个满意的剧本,大家通过集思广益、头脑风暴,积极地说出自己的想法,经过编剧的整理修改,完成了一个大家都认同的剧本。当然,剧本也会随着拍摄时碰到的特殊情况而有所更改。虽然中间会有许多分歧,但通过协商还是能够顺利地进行下去。

再然后就是场景的选定,在取景上还是用了挺多心思的,争取拍的景能够赏心悦目。印象最深的就是一个晚上的戏,主角站在窗边凝神静思。那是在秋白楼的十三楼,窗外是亮着数百盏路灯的公路,还有疾行而过的汽车,橙黄的光映着深蓝的天,煞是美丽。后期是微电影的成型阶段,也是至关重要的时期。剪辑、配乐、配音对我们而言都是具有很大的挑战,我虽然没有参与到后期制作中,但还是能看出后期制作人员的辛苦与付出。"一分耕耘一分收获""人多力量大",深切体会到这两个道理是我在参与微电影制作过程的最大收获。在此,十分感谢老师给予我这样的机会,以及微电影制作团队的同学们的共同努力。

蔡紫君(2013级　经管学院)

首先感谢老师给我机会参与微电影拍摄这种形式的大学生创新项目,我虽然学的不是编导专业,但平时对摄影也有很大的兴趣,经过这段时间微电影的拍摄与制作,我收获了许多,发挥出了创新精神。短短几分钟的微电影,拍摄却要花好长时间,最终完成拍摄靠的是大家的团结协作。我还参与了外文 *The application of weak passive acoustic endpoint detection based on sparse decomposition feature technology* 的翻译工作,在翻译的过程中遇到的问题,老师都会耐心给我指出,我也学到了许多专业性的英文单词,提升了英语水平。

栾宇(2011级　电气学院)

微电影的参与和毕业设计是大学四年里最后一次系统地且最有深度地学习,真正将之前所学习的分散知识点转化为自己所有的知识。微电影的完成过程对于自己来说既是一次考验,也是一次收获。在这个过程中,我学到了很多解决问题的方法,让我在工作中遇到困难的时候,不放弃、不气馁,努力寻找解决的方式。同时,老师严谨的教学态度及精神一直激励着我,促使我认真对待每一份工作。

7) 获得成果

4.12 第十一届"蓝桥杯"全国软件和信息技术专业人才大赛

1) 题目

单片机设计与开发

2) 参与学生

冷启航(光电学院)、张威(电气学院)、虞凌杰(电气学院)、王婉雯(电气学院)、刘路远(电气学院)、徐鹏鹏(电气学院)、肖婵娟(电气学院)、胡文耀(电气学院)

3) 指导教师

陈功、许清泉

4) 作品内容

(1) 基本要求

①使用国信长天单片机竞赛实训平台,完成"智能门锁"功能的程序设计与调试。

②设计与调试过程中,可参考组委会提供的"资源数据包"。

③Keil 工程文件以准考证号命名,完成设计后,提交完整、可编译的 Keil 工程文件到服务器。

(2) 硬件框图(见图1)

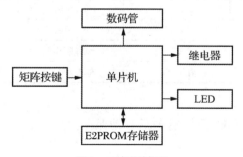

图 1 系统硬件框图

(3) 功能描述

①基本功能

通过单片机控制外围器件完成智能门锁的设计。其中,继电器显示门状态,LED 指示门开启的状态和按键输入模式,数码管显示基本信息,E2PROM 可以对设置的新密码进行保存。

②初始状态说明

- 指示灯全部熄灭;
- 数码管全部熄灭;
- 继电器关闭。

③按键功能

a. 按 S16 键进入密码输入模式,密码输入时,每按一个按键,对应的数字在数码管的最右位,同时原来显示的数字向左移动一位。

-	8	8	9	8	3	3	6

图 2 密码输入模式

b. 密码输入正确,继电器打开,数码管最左侧显示 0,最右侧四位显示 open,其余位关闭。门开启 5 秒后,无按键操作,进入关门状态,继电器、数码管和 LED 全部关闭。

0	8	8	8	o	p	e	n

图 3 密码输入正确(门已打开)

c. 密码输入错误,L1 指示灯点亮 5 秒,5 秒后,指示灯 L1 熄灭,设备进入初始化状态,等待新的密码输入操作。

d. 密码输入正确后,在门开启的状态下,按 S12 按键可以修改密码,修改时数码管最左边一位显示 C,输入 6 位新密码后再按 S12 键,密码修改完成。退出密码修改界面,门开启 5 秒之内没有按键操作,门、LED 和数码管全部关闭,进入初始状态。

C	8	8	5	4	3	2	1

图 4 修改密码界面

e. 密码输入未完成且输入错误时,可以使用清除按键,清除已经输入的密码。

f. 键盘功能定义见表 1。

表 1 键盘功能定义

0 (S7)	1 (S11)	2 (S15)	3 (S19)
4 (S6)	5 (S10)	6 (S14)	7(S18)
8 (S5)	9 (S9)	无功能(S13)	无功能(S17)
无功能(S4)	清除(S8)	修改(S12)	输入(S16)

④存储功能

密码存储在 EEPROM 存储器中,修改后自动保存。

⑤LED 指示功能

指示灯 L1:密码输入错误时,L1 点亮,5 秒后熄灭。

指示灯 L7：密码输入状态下点亮，其他状态熄灭。
指示灯 L8：密码修改状态下点亮，其他状态熄灭。
（4）设计说明
- 关闭蜂鸣器等与本试题程序设计无关的外设资源；
- 设备首次上电时，初始密码默认为 6 个 8。

5）教师感悟

该类型比赛主要侧重于学生的自我学习和实践，作为教师最好的指导方式是能提供适用于笔记本电脑的单片机盒，该单片机盒通常具有可反复编程硬件、外接配件（液晶显示屏、按键阵列、电机等）、数据线和多个例程。学生可以在任何地方通过笔记本编程调试该单片机盒。如果教师能够再提供一些往年考试的笔试和上机题目卷给学生做做，基本上不用花太多的时间指导学生。通常花点时间指导至少可以获得省级三等奖，如果题目做多一些，二等奖也不少见。但是能获得省特等奖并进入国赛是有一定难度的。该赛事获奖概率较高，据说可达到 60%，作为电类专业学生如果能够在大学期间想证明自己的能力的话，这不失为一个最容易的机会。

6）学生感悟

胡文耀（2017 级　电气学院）

"蓝桥杯"比赛分为很多种，比如，单片机设计与开发、嵌入式设计与开发、Java 软件开发、C/C++程序设计等。

作为电类专业的学生参加"蓝桥杯"比赛，一般是单片机设计与开发或嵌入式设计与开发，两者的不同就在于所使用的单片机开发板不同，前者选用宏晶公司生产的增强版 51 单片机作为主控芯片，后者选用意法半导体公司生产的 STM32 单片机作为主控芯片，除了主控芯片不同外，外围电路模块也大不相同。至于物联网设计与开发，我就孤陋寡闻了。

我参加完"蓝桥杯"单片机决赛已过大半年时间，记忆已经模糊了，这里就粗略地聊一聊吧。

"蓝桥杯"单片机比赛总分为 100 分，30 分的理论，70 分的程序设计，是让你在一块单片机开发板上完成一个简单的项目设计，开发板是比赛现场发的，另外，比赛时可能还会用到万用表，向监考老师要就行了。"蓝桥杯"比赛的开发板是可以买到的，网上也有卖的，而且网上也有卖往年比赛的赛题讲解。其实这种比赛比的是建立在单片机基础上的编程能力以及对单片机的认识，所以不要一味地写自己的程序，多去看看别人如何写程序，将有助于提高编程水平，很多时候往往是在模仿中学习，在学习中不断融会贯通。另外，要想在比赛中取得好名次，理论部分万万不可忽视。

"蓝桥杯"的单片机设计比赛用的是增强版的 51 单片机，如果有过传统 51 单片机学习的基础，学习起来会容易很多，并且传统 51 单片机的学习视频和参考书籍都是相当多的。

初学 51 单片机，可以购买单片机开发板学习，我初学 51 单片机的时候用得比较多的两种板子是普中和清翔，普中的教学视频精简，清翔的教学视频详细，但市场上远不止这两种开发板，我涉足短浅也不敢推荐，但都是学习，与其花时间纠结不如先买个学习。不管是为了参加竞赛还是因为对电子有浓厚的兴趣，买个开发板领略电子的魅力都不会为此而后悔，只会后悔买得太迟。遇到困难，百度、论坛、图书馆等都有办法，不要退缩，更不要三天打鱼两天晒网，当你回首往事时会感谢那段时间孜孜不倦努力奋斗的自己。

关于论坛，可能大家会比较陌生，我初学51单片机时，51黑电子论坛用得比较多，随着自学的道路越走越远，你自然就会发现越来越多的论坛，比如CSDN、电子发烧友等。

作为电类专业的学生，"蓝桥杯"这个比赛是一个很好锻炼自己和提升自己的机会。虽然我挺进决赛，却无缘佳绩，只拿了一个三等奖。赛后总结，还是平时练习得不够到位，有些简单的程序写得不够迅速，浪费了后面攻克技术难点的时间。5个小时看似不短，但其实可能未必够用，有时候可能就是微不足道的疏忽导致了一个卡顿，从而浪费了时间，不过同时也积累了经验。

"蓝桥杯"的单片机比赛无论是省赛还是决赛，其时间都是早上9点开始下午2点结束，关于省赛地点由于我们学校有"蓝桥杯"的考点，所以省赛就在辽河路校区，决赛地点在北京某高校，每年不同。比赛要到下午2点，所以在这过程中主办方是提供矿泉水和面包的。通常比赛拿了省一等奖的会拿到参加决赛的名额。该比赛是一次对体能和心态的考验，也是一次经验的积累，此外决赛之旅也是一种人生历练，不可多得。

张威（2016级　电气学院）

"蓝桥杯"奖项是一个性价比较高的奖项，奖项的获得对以后的工作应聘、考研复试都有很大的帮助，同时自己又能巩固C语言的编写能力，掌握单片机的程序编写方法。单片机在现实生活中有很多的应用，且具有巨大的前景和潜力，校园招聘时有许多企业都有单片机开发的招聘岗位，且工资水准高于平均水平。

第一次知道"蓝桥杯"比赛是在大二上学期陈功老师的"模电"课上，老师说"蓝桥杯"是一个相较而言能够通过个人努力比较容易获得的奖项，希望同学们踊跃报名。后来我又从学长那了解到电子信息工程专业大三第一学期会有单片机的考试课，学长建议我系统学习单片机课程后再报名参加"蓝桥杯"单片机组的比赛。所以我在大三上学期才报名参加2019年的"蓝桥杯"比赛，希望获得奖项作为研究生复试的加分项。但参加后感觉"蓝桥杯"单片机比赛与课堂上教授的单片机底层原理和汇编语言关系不大，"蓝桥杯"只用C语言编程。所以我建议大一或大二就可以报名参赛，就算成绩不理想，大三还能再参加一届。

从报名参赛的那一刻开始，就应该准备比赛了。首先是选择辅导老师，辅导老师是你比赛的引路人，你备赛过程中的操作疑惑和备战方法都可以询问辅导老师。老师给我们每人买了一个STC89C52的单片机开发板，根据商家给的开发板讲解和操作视频，让我们自己对开发板上的每个模块有所了解并且能够自主编写简单程序。当然比赛完，单片机开发板还是要还给老师，因为单片机还要留给下一届学生使用。如果你选择的导师没有给你单片机开发板，你可以自己上"淘宝"买一个，价格不是太高。因为比赛时间是三月份，所以我就用了一个寒假的时间来学习单片机的基本模块，比如LED模块、矩阵键盘模块、数码管模块、蜂鸣器模块、DS18B20温度模块、定时器中断模块以及各模块的混合使用。当然这些模块的学习是建立在熟悉开发板原理图和Keil5软件使用的基础上的。而看懂原理图是建立在扎实的模拟电路和数字电路的知识基础上的，因此大学期间的考试课必须认真学习。

当然仅仅学习STC80C52开发板是不够的，因为比赛用的开发板是CT107D。因此没有单片机开发板的同学，只需要买一块比赛用的CT107D开发板。然后从"咸鱼"购买一份"蓝桥杯"历年比赛真题讲解视频，利用寒假时间认真学习比赛所用的开发板的程序编写和烧录。

"蓝桥杯"单片机比赛时长为5小时，题型为选择题和程序设计题。选择题没有题库，题目是依据

模拟电路、数字电路和单片机原理书中写的题目,分值为 30 分。以下是本人的几点建议:

(1) 选择"蓝桥杯"比赛专用的开发板,可以在"淘宝"买全新的,也可以在"咸鱼"买二手的。但一定是比赛专用的,因为普通的开发板和比赛用的电路不一样,程序也不一样。

(2) 选择一份真题讲解视频,可以从"闲鱼"上购买。将视频教授的编程方法吃透学会。知己知彼才能对比赛更加熟悉,上了考场才更加从容。

(3) 历年省赛真题要反复练习,这是重中之重,将各个模块编写做到熟稔于心。看懂不等于会写,如果没有大量的编写,就会在基本模块编写中翻车,就会造成在一个地方卡壳导致整个程序运行失败。同时大量练习真题可以更好地熟悉历年比赛的模式。

(4) 选择题就在于平时的积累,如果上课能够认真听讲,拿一半分数不成问题。

(5) 考前熟记一下考试必考的程序,比如数码管、按键,这些程序历年必考,开考之后你能多快写出来,就能给自己节约多少时间。

(6) 如果有一些模块不会写可以跳过,不能因为局部而放弃整体。如果按照比赛要求写不出程序,也可以运用自己的方法,只要单片机可实现要求的功能就行。

7) 获得成果

4.13 第七届江苏省机械创新设计大赛

1) 题目

货架式双排双层停车装置

2) 参与学生

何永华(光电学院)、冷启航(光电学院)、吴帅(电气学院)、包任飞(航空/机械学院)、陈伟杰(航空/机械学院)

3）指导教师

陈功、杨辉

4）作品内容

作品详细内容请扫书后二维码。

5）教师感悟

该比赛主要侧重于考察电类学生 Labview 控制部分以及视频制作，机械学院的学生负责三维图和机械原理的分析，在校内遴选比赛中加上了电类的控制明显比不含有控制的其他作品更具有竞争力。在徐州的省赛中，新颖的作品加上软件对电机、电动推杆的控制，最后在一同参加比赛的作品中获得了最高的二等奖。

准备比赛期间，由于参与学生中有 2 位正在准备考研的机械学院的学生，大家克服了时间上的困难，经过多次推敲和申报书的修改圆满完成了比赛作品。电类的学生首次采用 Labview 软件以及数据采集卡控制外部硬件，其间在开发过程中碰到了电机正反转和停止的控制难题，后来通过上网找资料和教师指导采用继电器组合光电效应的放大电路解决了该问题。问题的解决极大地鼓舞了大家科研和竞赛的热情。

机械学院实验室杨辉老师指导学生设计并制作了机械结构，电气学院的学生则完成了传感器的安装、软件控制部分。

6）学生感悟

包任飞（2015 级　航空/机械学院）

在大学期间，跨专业配合电光学院的老师完成机械创新大赛的项目，让我见识到了未曾学过的新知识。队员之间分工明确，相互配合，积极讨论，正是每一位成员的努力与付出才有了比赛的成绩。而这次比赛，也让我认识到了自己的不足，仍需要更进一步地学习。

陈伟杰（2015 级　航空/机械学院）

在大学期间，跨专业配合电光学院的老师完成机械创新大赛的项目，身在其中学习到了很多知识，成员之间互相配合，发现问题一起解决，团队协作精神可见一斑。因为成员之间的不断磨合，新想法的不断碰撞，这才使得我们取得这样的比赛成绩。而这次比赛之后，我仔细审视了自己，发现在前进路途中仍存在很多问题，与成员的沟通还需要进一步加强，知识方面需要更进一步地学习。

冷启航（2016 级　光电学院）

通过参加比赛，我学到了许多在平时学习中所学习不到和感受不到的东西，更加了解了比赛的各项流程，积累了丰富的经验教训，知道了自己专业知识的匮乏，促使我更有热情地学习知识和运用知识去解决问题。同样，在这次比赛中我们也收获了队友们的友谊，大家因为同一兴趣而联系在一起，为共同目标而努力奋斗。

何永华（2016 级　光电学院）

完成该项目所体现的是团队配合、互相协作的能力。准备竞赛期间，要学习的不仅仅是实践技能，还要有扎实的理论基础。老师在项目中也是功不可没的，为我们攻克了不少难题。本次项目中所学习到的团队精神和动手能力让我受益匪浅。

吴帅（2016级　电气学院）

大学期间参加的江苏省机械创新大赛使我受益匪浅，从刚开始的懵懵懂懂到现在已经可以掌握乃至熟练使用建模软件，让我感受到自己能力的飞跃提升。刚开始接触这个比赛时有点怀疑自己能否胜任，可随着老师的教导，我发现一切并不是想象中的那么困难。学习Matlab软件时，因没有基础导致学得很吃力，不过通过老师为我找的资料渐渐体会到这个软件的魅力所在，从"一窍不通"到现在的"朽木可雕"，老师的教导必不可少。比赛初期，团队配合并不是多么默契，不过通过协商以及老师的协调，我们每个组员都找准了自己的位置。至比赛中期时，建模以及实物已准备完毕，比赛道具的充足准备让我们感觉这次比赛"稳了"，可学校的答辩给了我们"当头一棒"，原来我们还存在那么多的漏洞，我们又投入紧张的筹备中，通过每个人的努力，我们的作品获得了较好的成绩。

7) 获得成果

2018年5月4—6日，由江苏省大学生机械创新设计大赛组委会主办的"晋拓杯"第七届江苏省大学生机械创新设计大赛暨第八届全国大学生机械创新设计大赛江苏赛区预赛在徐州工业职业技术学院举行。本次大赛主题为"关注民生，美好家园"。比赛共设小型停车装置和小型水果采摘机械两个类别，来自江苏省44支高校参赛队伍经过两天的激烈竞争，共评出一等奖30个、二等奖65个、三等奖99个。

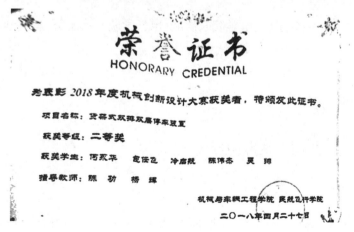

4.14 常州市高等教育和职业教育创新创业大赛

1) 题目

第九届
柔性光伏温室大棚热斑检测及清洗装置

第十届
柔性光伏温室大棚的无线控制模型
沐光新农:生态科技筑梦乡村振兴

2) 参与学生

第九届
吴帅(电气学院)、张松(电气学院)、韦炜(电气学院)、陈森(航空/机械学院)、徐雨果(航空/机械学院)

第十届
庞贺振(光电学院)、钟金超(光电学院)、唐峣(电气学院)、吕忠辉(电气学院)、袁鑫(电气学院)、张宇(经管学院)、吴伟晨(经管学院)

3) 指导教师

陈功、张燕、徐霞

4) 作品内容

光伏大棚系列,内容同前。请扫书后二维码。

5) 教师感悟

第九届
该类型比赛是每年一次常州市范围内本科、大专、中职院校的科技创新创业作品大比武。

大专和职校类学校非常重视该类型比赛。几所本科院校参与度不高,笔者挑选了这一年来一直在做的几个作品,并且也是首次带队参加该比赛。该比赛与其他赛事不同的地方在于,前期的申报书需要做科技查新,查新部分可以花钱请专业机构(一般是学校的图书馆),也可以自己在中国学术期刊网进行自主查新。建议自主查新,不用再花额外的费用。该比赛前期的海报制作、中午餐费全部由学校创新创业学院统一安排。比赛过程仅有专家现场演示环节。

第十届

本次比赛由学生自行带实物坐地铁去常州大学参加,前期学生了解了地铁可以携带实物的体积大小和质量的要求,最后对实物进行了拆解。比赛前学生完成了相应的说明书的撰写和递交,由于参加比赛的学生前期撰写了发明专利,因此本作品与其他类作品的主要区别可能也在于此。现场比赛中,评委的打分并不高,主要原因为时间短,专家并不能完整地了解作品设计理念,而且相比于其他作品,本作品仅仅是光伏板机构的无线控制,看上去并不是特别高大上。

最后比赛的结果也有些意外,但确实也是情理之中,主要原因还是说明书撰写得相对较好,毕竟其中几位参赛学生前期也参加过一系列学生竞赛,具有一定的经验。

6) 学生感悟

第九届

张松(2016 级　电气学院)

在常州市的双创比赛中,我们在项目方案的构思阶段借鉴了陈功老师的想法,在后面的实施过程中遇到了一些困难,同组成员之间保持着良好的沟通,并不断对作品进行完善,最终在比赛中获得了三等奖。但在欣喜之余,仍然定下心来想一想自己可以改进的地方,努力让自己能够在以后的学习和工作中获得提高。

韦炜(2016 级　电气学院)

大三上学期,我们在陈功老师的带领与指导下,参加了常州市双创比赛,经过老师不断地指导和组员之间不断地努力,克服了一个又一个困难,最终在比赛中获得了三等奖的成绩。在整个比赛前期准备和比赛过程中,我们知道了只有通过自己的双手和自己的大脑不断地去尝试,不断地去思考,才能够解决问题。

徐雨果(2017 级　航空/机械学院)

读万卷书不如行万里路。本次比赛,在老师的指导下完成参赛作品,让我把很多以前只是停留在理论上的知识转化为实际的应用。队员间的交流、配合也让我结识了许多新的朋友。是每一位成员的付出,让我们克服了一个个困难;是每一位成员的努力,让我们取得了比赛的成绩。

第十届

唐峣(2018 级　电气学院)

比赛那天,我们都起得很早,早晨6点就到了实验室,5个人搬着沉重的器材从学校出发,坐了很长时间的地铁终于到达了比赛地点常州纺织服装职业技术学院。

比赛场地是学院的体育馆,场地不大,但常州的高校基本都来了,每个学校都有对应的予以放置参赛作品的摊位,我们参加完大赛开幕式之后得在现场把零散的器材组装成完整的模型,再进行调试,模型运作正常后,等待评委老师打分。组装、调试过程由我们的两位学长完成,而我负责评委老师来的时候进行讲解、配合学长展示模型。

类似比赛最容易在组装、调试环节出问题，好在两位学长有丰富的在实验室拆装的经验，所以并未出现状况。

光伏大棚是指在普通蔬菜大棚的顶部安装光伏板，利用太阳光能，将太阳辐射分为植物需要的光能和太阳能发电的光能，我们的作品就是围绕光伏大棚产生的柔性光伏温室大棚的无线控制模型，做的就是柔性光伏温室大棚的顶部模型。当光伏板上有树枝、灰尘等遮挡物时，其表面会形成光斑，影响光伏板工作效率，减少寿命，我们的模型通过红外检测光斑，自动对光伏板表面清洗，并有水循环系统，清洗的水用来浇灌植株，环保又高效。可惜的是我们的模型有个缺点，即光伏板滑动的设计有明显缺陷，电机并不能良好带动光伏板运动，需要人工干预才能完成滑动动作，这在比赛现场看起来就不怎么美好。

本次比赛的评委老师并不多，所有学校的作品并不是同时打分，所以在模型运转正常、保证有人留守摊位以后，我们就有了逛其他学校摊位的机会。

我对几个作品印象深刻，例如留学生参与的项目。留学生们中文说得很好，热情地给我们介绍他们的作品：痒痒挠和撑衣杆的合体——一根长长的杆子，头部是痒痒挠，尾部是撑衣杆，很有趣；自动投喂鱼食、供给氧气的鱼缸——电脑远程控制；无人机监控——无人机按固定的路线巡逻，安装的摄像头拍下了清晰的沿途画面。参赛作品并不全是工科类，主办方的作品就是通过模具制作造型各异的肥皂，有莲花图案的、蝴蝶图案的，还有个魔童哪吒的立体模型特别可爱，听他们介绍，他们的肥皂作品还在校外注册了品牌，有了公司，让人惊讶。除此之外，我还在现场看到了服装设计作品和油画作品，这次比赛的规模虽然不大，作品种类倒还不少。

虽然这次比赛没有取得很好的成绩，但能带着在实验室打磨许久的作品参加比赛，观看学习其他学校的创新，也是一次不错的体验，我们已经心满意足，争取下次还有这样的机会，一定会更认真努力地做出更有创意的作品。

吕忠辉（2018级　电气学院）

这是我第一次为了参加后续比赛撰写专利，虽然花费大量的时间，但是最终完成了专利的撰写。撰写专利前需要做大量的准备工作，要进入专利搜索网查询相关专利，收集阅读大量与发明内容相关的资料，这个过程虽然有一点枯燥，但是非常有用。

撰写专利时，一方面不能偏离发明本身，要明确专利的核心部分是什么。我们需要对核心部分进行详细地阐述，阐述一定要条理清晰；另一方面要尽可能将发明内容准确合理地表现到专利上，我们需要知道对应的发明尽可能详细的信息，它应用于什么领域，需要实现什么样的功能，它的结构是怎样的以及它是怎样工作的。

同时，撰写专利时要有严谨的态度、平静的心，这样我们才能更全面更准确地将发明表现在专利上。我们时刻保持严谨，对发明的每个部分都要有准确的了解，将发明相关内容全面准确地写到专利上。我们要在内心平静时撰写专利，这会使得我们感觉不会太枯燥，也会大大提高我们的写作兴趣。

撰写专利，要求我们熟练地掌握一两个绘图软件以及相关的知识。使用绘图软件绘制发明的结构有利于我们更加了解发明。只有了解了相关知识，我们才能清楚明确地将发明的内容及原理撰写到专利上。

以下是我撰写专利的过程,供大家参考。

第一步,进入 SooPat 专利搜索网站搜索查询,查看专利库中是否已有与自己发明相同或相似的专利,如果没有我们就可以开始着手准备撰写专利。

第二步,先将自己所要撰写的发明专利的主要部分进行归纳总结,然后根据所需要发明的作品进行联想,在大脑里先形成一个轮廓。结合所发明的作品需要实现的功能,在大脑里将所需要实现的功能整合成一个一个的模块。将模块合理地与轮廓进行结合,形成一个较为简单的模型。

第三步,进入 SooPat 专利搜索网站搜索与所需发明相关的专利,阅读大量的专利,结合这些专利的内容、实施方式及附图对模型进行修改。修改时适当进行借鉴,不要被已有的专利束缚,要有自己的想法。

第四步,根据各个模块需要实现的功能,对模块进行更加细致的设计及修改。

第五步,进行绘图。将发明专利的整体轮廓及每一个模块的图形绘制出来。(边绘图边修改)

第六步,开始撰写专利。

专利包括技术领域、背景技术、发明内容、具体实施方式、附图说明及附图。

技术领域:说明该发明要应用于哪个领域的什么东西上。

背景技术:说明该发明要解决什么问题。(如果是对已有专利进行改进,要注明专利号)

发明内容:将发明的各个部分的名称、各部分连接方式及空间排布进行阐述并对其功能作用进行阐述。

具体实施方式:具体说明该发明的工作原理,该发明在工作过程中的工作状态,以及各个部分工作时会发生什么变化。

附图说明:说明图形各部分、各零件的名称。

附图:发明的整体、各个部分以及关键部位的图像。(图像可以是三视图、剖视图、立体图等)

第七步,在专利撰写最后对专利中出现的各部分及零件名称进行编号(包括发明的图形及专利中出现的各个名称),编号与名称、图形与名称要一一对应。

第八步,阅读自己所撰写专利,查看是否有遗漏和赘余的部分,尽可能地完善专利。

7) 获得成果

第九届

第十届

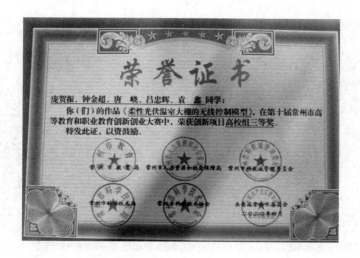

4.15 常州市创新创业大赛

1）题目

柔性光伏温室大棚及其清洗装置

2）参与学生

张宇（经管学院）、吴伟晨（经管学院）、吴帅（电气学院）、徐圆圆（经管学院）

3）指导教师

陈功、徐霞

4）教师感悟

学生选了该比赛的众创团队组，该组偏重于创新产品的创业计划。比赛入围名单中我们的作品是偏农业方面，这也是入围的因素之一，此外光伏大棚的想法也使评委眼前一亮。

在决赛前，作品还接受了市科技局的尽职调查。在决赛阶段的答辩过程中，经管学院徐霞老师给了以往我们很少关注的形态、着装方面的具体指导，大家首先在仪容仪表上给专家留下良好的印象。在答辩环节，据学生反馈，该项赛事专家还是偏重于问技术部分，尤其是提到了我们的作品成本较高，如何实现产业化的目标。学生没有回答出"量产后即可降低成本增加利润"的答案，最后的结果也比较可惜，只获得了入围奖。

5）获得成果

为深入实施创新驱动发展战略，根据《2019年（第四届）常州市创新创业大赛工作方案》要求，经组织申报、初赛、尽职调查和决赛等程序，评选出2019年（第四届）常州市创新创业大赛获奖项目308项，其中一等奖17项、二等奖36项、三等奖96项和入围奖159项。

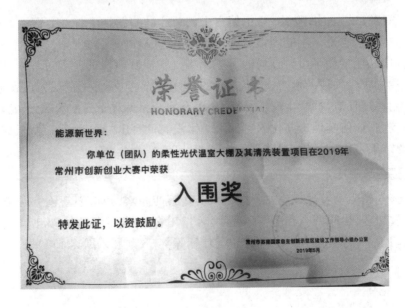

4.16 案例总结

1) 激光微位移检测装置

案例中第1例、第2例、第7例、第9例及第10例以常州华科新能源有限公司、灵通展览股份有限公司的锂电池薄膜生产线、超薄导光板厚度检测作为切入点,实现全自动激光微米级在线扫描式厚度检测,教师联合企业申报并获批新北区科技计划(工业支撑)、常州市科技计划(工业支撑)、江苏省自然基金青年基金、江苏省产学研联合创新项目、江苏省科技计划(工业支撑)等项目,联合企业申报并获得常州市科技进步奖、江苏省高等学校科学技术研究成果奖、中国商业联合会、中国轻工业协会、中国仪器仪表协会、中国测试分析协会等奖项。

引导学生参与教师课题,获得系列学科竞赛奖项,并研发教学类检测设备作为毕业设计、电气及光电专业综合实践类课程。在学生竞赛中企业与学校、学院或者教师签订的合作协议、获批的各类项目、获得的各类奖项、转让企业的发明专利均可作为比赛的佐证材料。

2) 光伏温室大棚和检测

案例中第2例、第3例、第5~10例、第11例、第14例及第15例是以常州天合光能光伏田园、常州春秋农业机械有限公司、常州优埃唯信息科技有限公司的温室大棚种植和无人机检测作为切入点,实现智能型柔性光伏温室大棚和热斑检测的作品。教师联合企业申报并获批江苏省产学研、南昌航空航天大学无损检测教育部开放基金等项目,联合企业申报并获得中国商业联合会、常州市创新创业大赛等奖项。

引导学生参与教师课题,获得系列学科竞赛奖项,研究内容作为毕业设计、电子信息专业综合实践类课程。在学生竞赛中企业与学校、学院或者教师签订的合作协议、获批的各类项目、获得的各类奖项、转让企业的发明专利均可作为比赛的佐证材料。

3) 智能停车装置

案例中第8例、第9例、第13例以江苏瑞科停车系统科技有限公司的智能停车装置作为切入点,设计了智能化多层停车装置。

引导学生参与教师课题,获得系列学科竞赛奖项,并研发教学类检测设备作为毕业设计内容。在学生竞赛中企业与学校、学院或者教师签订的合作协议、获批的各类项目、获得的各类奖项、转让企业的发明专利均作为比赛的佐证材料(除"挑战杯"比赛)。

上述三个项目的实施过程中,学校与企业跨界合作,电气、光电、机械、经管、土建学院不同专业、不同年级的学生跨界组合,经过多年的成果积累,通过不同学院的参赛平台申报,师生共同获得了多项创新创业竞赛奖项。

习题4

结合材料和个人理解浅述学科竞赛获得成功可能需要的条件。

5 个人能动与学科竞赛

学科竞赛的实施不是一朝一夕即能完成的,需要项目的选择、团队的组建、教师的指导、时间的安排、前期的积累和良好的心理素质等方面因素相结合。充分发挥个人主观能动性是学科竞赛实施的前提条件,本章主要就一个项目从立项到实施过程中的各个环节和遇到的困难进行了分析和解答。此外,阐述了电类专业学生跨界创新训练的实施内容和意义,列举了目前电气信息工程学院学科竞赛导师指导的侧重点。

5.1 参赛项目的选择

除了指定类比赛,一般比赛都会有主题,所以学生需要有对应的项目来参赛,如何选择既有创意又有可行性的参赛项目需要考虑以下方面。

(1) 个人兴趣。只有自己真的对一件事情感兴趣才会愿意投入更多的时间和精力去做,而能否获得比赛的奖项与投入的时间、精力有关系,或者说比赛中的收获与自己投入的时间是成正比的,如果对自己选择的项目产生厌倦和缺乏兴趣就很难自觉地投入大量的时间和精力,所以从兴趣出发选择项目会让自己拥有足够的动力。

(2) 个人知识领域。单纯依靠个人兴趣,没有足够的知识储备有时候还是很难推动项目的实施,因为兴趣和能力是不对等的,兴趣是动力,个人所具备的完成项目的相关知识就是实力,动力和实力兼具,才能发挥自己最大的能量。要对自己目前的能力、成长空间与自己要选择的项目进行相关性的匹配,建议比赛前自己多做些个人评估,与同组成员多沟通或者向指导教师多多请教。

(3) 外在因素。主要包括周围是否有参加过类似比赛的同学或者指导过学生参加比赛的教师,可以向他们取经,了解哪些项目更能在比赛中脱颖而出。

5.2 团队的组建和管理

5.2.1 团队的组建

有了项目,还需要组建一支团队。不同的比赛对组队有不同的要求。

对于有人数限制或者要求由规定的举办方自行选拔然后以学校为基础组队(比如数学建模类全国竞赛)的比赛,就需要学生了解举办方的组队规则,然后以包容和锻炼自己的态度来面对自己可能不熟悉的队友。经过选拔以后的团队成员各方面的能力都是经过检验的,不必担心成员素质的问题,大家努力做好沟通和合作,朝着胜利的目标共同努力。

对于自主组队的比赛,一般需要根据比赛的要求进行组建,专业性要求或者综合类跨学科要求都需要考虑,在相同的能力水平下优先选择熟知的(比如同班、同专业)的同学,可以极大提高团队的协作能力。

针对重大、特殊的比赛,院校会有专门的类似于社团类的常规队伍,也就是会有一支具有传承性的队伍来参赛(比如学校电子协会)。这支动态的队伍是长期存在的,并且不断有新鲜的血液注入团队,这种团队的组建要从招聘新加盟的人入手,在招聘时对候选人进行系统的考评,以此确定候选人是否具有相关的能力和成长的空间。

团队组建有时会遇到比赛期间人员变动的情况。这会影响项目的进展,严重时可能会直接导致项目中断,最终影响比赛的成绩。因此,在前期就应该搞好团队建设,做好预防工作,比如由两人共同负责一个重要环节或者从教师指导的团队阶梯成员中选取本年级或其他年级的成员,降低人员变动对比赛进程的影响程度。

5.2.2 团队的管理

一个高效的团队必须要有相应的规章制度约束,制度的主要内容应该包括团队的目标、团队交流的方式、团队的考勤方式、团队的责任承担机制以及信息反馈机制等。因为参赛的团队不会有太大的规模,所以不一定需要成文的规定,但是一定要有这些方面的共识和约定。因此团队固定时间开会总结进展、讨论问题及反馈信息是非常重要的,可利用例会纠偏改错、控制比赛进度等。(学校电子协会就有类似这样的管理模式,招新以后会按照能力和参与度进行实验室管理,优秀的学生会进入更高一级的实验室,每天需要定期指纹打卡进入实验室按照教师要求完成任务,每周教师会有阶段性讨论和答疑)

此外,团队分工是很重要的环节,因为只有合理分工才可以最大限度地发挥每个队员的能力,然后提高团队的效率。分工首先要考虑的就是每个人擅长的方面和队员的性格偏好,这样才能保证各司其职。将有相关经验的队员安排到相应的环节也是一种较好的方法。关键的工作环节要保证质量并降低人员变动的风险,一般可以采用稳定的核心成员来负责。

团队成员在某些问题上的看法产生分歧是非常常见的,但是我们不要把分歧都看作是不利的事情,要客观、辩证地分析分歧、冲突的原因,因为有的时候冲突和分歧可能暴露出的是比赛过程中某些环节存在问题,大家在陈述不同意见的时候不能够针对人,而要针对具体的事情,要多找原因,多交流,这样才能解决问题。如果矛盾非常激烈,就要及时找指导教师疏通,尽快解决问题。

5.3 指导教师的选择和遴选

5.3.1 指导教师的选择

一般在难度较大影响力较高的比赛中指导教师的作用是明显的,指导教师可以利用自己的专业水平、实践背景、资源协调能力、团队管理能力等为参赛学生提供实质性指导和建议,因此建议大家尽量找一位指导教师来协助完成比赛项目。

选择指导教师需要考虑如下因素:

(1) 教师的专业相关性。由于在项目研究的过程中难免会遇到难以解决的问题,这个时候就需要指导教师的引导来帮助参赛者突破难点。

(2) 教师的时间宽裕度。尽量找那些有比较充足的业余时间的指导教师,这样教师和学生可以有足够的时间交流,学生反馈的问题能够及时回复,指导教师有更多的精力关注项目的进展。

(3) 教师的比赛指导经验。有经验的指导教师除能够为参赛者提供专业技能之外,还能够让参赛者学到更多的比赛技巧以及注意事项,从而让参赛者少走弯路。此外,教师所研究的课题也可以为参赛者提供内容支撑。

5.3.2 指导教师的遴选

目前常州工学院大部分竞赛是指导教师选学生,或者通过相关专业老师推荐挑选学生。作为教师不可能一项比赛需要5名参赛学生就刚好挑选5名学生。而且并不是学生挑选好了,马上就能参加比赛,一般需要一定时间的指导、学生的不间断训练、淘汰以及新鲜血液的补充,教师通过不断地观察学生的参与积极性、个人能力、团队意识和服从意识,并最终根据学生的特点挑选合适的人选。比如擅长硬件的学生就侧重于动手能力,表达能力强的学生适合现场演讲,文字撰写功底不错的学生适合撰写竞赛说明书和发明专利。这些类型学生的挑选不是一朝一夕就能完成的。就拿电子竞赛来说,首先从电子协会每年的迎新学生中广泛召集感兴趣的学生,然后协会的指导教师不定期地会组织各类培训和比赛从中挑选合适的学生,对这些稍有能力的学生进行进一步的"贴身"培养,学生从大的协会实验室进阶到指导教师所在办公室隔壁的"小而精"的实验室。这样能够得到更加全面的指导并能够使用更多的电子仪器设备,而且所在实验室的学生能力更强,大家可以在相互学习讨论中更快成长。

5.4 学生能力的培养

5.4.1 专业知识能力的培养

比赛对专业性有一定的要求,准备相关的专业知识成为竞赛的一项重要内容。学生可以借助课堂、教师、网络、学科文献数据库和其他同学等途径获得专业知识。

首先,课堂实际上是学生获得专业知识最主要和最直接的途径。学生的专业知识一部分是从课堂中获得的,因为受限于学时等这部分专业知识掌握得其实相对并不扎实。然而,课堂学习的意义并不在此,而是在于帮助学生对专业的整个知识和研究架构有全面的认识,对本专业知识能够解决的问题有一个清晰的认识,而并非直接让学生使用课堂知识解决问题。

另外一个途径就是指导教师。选对了教师不仅可以获得专业指导,而且可以更好地把握方向、拓展资源等。网络上也会有许多专业知识,但是网络信息不能完全相信,还是需要专家的鉴别才能辨明信息的真伪。

文献数据库不仅有着丰富的专业知识资源,还有许多新的尖端的学术成果。这部分知识相对于课堂学习就是充分的补充,弥补了课堂学习深度不足的缺憾。对于这一部分知识的获取,建议学生向学长咨询或者向教师询问,充分利用本专业的数据库资源。很多时候学生都会发现在比赛中遇到的"难题"可能在很多年前就有学术"大牛"尝试解决并获得了不错的成果,而使用这种尖端的成果或相对成熟的办法必然也能让自己的作品增色不少。

身边的同学也是我们获得专业知识的途径。正所谓高手在民间,可能在你身边就会有在某一领域有着独到见解的同学,他们能为比赛带来许多新的创意和思路。

5.4.2 交叉学科知识能力的培养

许多赛事往往都是跨学科、交叉学科赛事,需要的基础知识往往不限于某个领域,在跨学科竞赛中获得成功的因素包括:多元化团队的建设;参加相关的培训或阅读相关书籍;平时的广泛涉猎;教师的指导。

首先,团队建设多元化并非单纯强调团队构成的特异性,而更多的是由比赛决定的内在相关性。例如对于参加创业大赛的团队,将会需要用到技术和设计方面的同学,通过设计产品解决技术问题,此外又需要财会专业的同学进行投资分析,市场营销的同学进行市场调研与产品推广,同时还需要懂法律的同学研究相关法律法规以及政策,保证产品或者服务能正常运营。而在专业性很强的比赛中,同样要求团队建设多元化,因为在整个团队运作过程中,必然会有不同的工作,而选择合适的人选是决定比赛成功的关键因素。

团队建设如果不允许多元化策略实施(如人数限制),也可以通过阅读相关书籍储备足够的知识,不过这一过程将会是漫长而艰苦的,尤其是对于自学能力较弱的同学,即便对于自学能力很强的同学,在时间紧张的比赛中跨学科学习不同的知识也较难。

另外,通过平时的广泛涉猎我们也能获得不少跨学科的知识。但是,这些知识大多比较浅,对于参加比赛来说可能并不足够。

我们还可以求助于老师,尤其是跨学科研究的老师们。他们对相关学科都会有比较深刻的认识,学生可以向他们寻求指导。另外在比赛允许的前提下,也可以直接借助老师丰富的专业知识。

5.4.3 其他能力的培养

在储备了足够的相关知识后,在参赛之前学生还需要具备以下能力。

(1) 团队合作能力,与人交流的能力。不论是个人参赛还是团队参赛,作为参赛者,都不可避免在比赛中遇到各式各样的人,并且要与他们打交道,其中交流尤为重要。如果以团队形式参赛,那么团队成员必须要有很强的合作能力,避免因为争吵或意见不合而解散团队。

(2) 表达能力。无论是在决赛场上向评委展示参赛作品,还是在平时合作中向小组成员表达自己的想法,表达能力都不可或缺。这种能力不是短期可以拥有的,必须经过长年累月地积蓄。平时多加练习,把握机会,使自己在表达的时候口齿清楚、语言流利、意图明确,在最短的时间内表达清楚全部的意思。

(3) 综合及创新能力。参加比赛,需要各方面的综合素质,需要对家事国事天下事事事关心,最好有足够广泛的知识面,对知识可以不精通,但必须知道这些知识可以解决什么问题。另外,创新能力也是必需的,很多竞赛比的就是创意。

5.5 合理安排教学和竞赛

在有了丰富的知识和足够的能力后,就可以参加比赛了。但是,在比赛过程中,还必须处理好比赛和教学等其他事情之间的冲突。比如说比赛与课程学习冲突了,甚至和考试冲突了,必须请假去完成比赛。无论什么比赛,有收获就必须有所放弃。比赛中的很多东西是你在课堂上学不到的。所以,如果比赛和课程冲突了,尽全力完成比赛,学校、老师也会支持学生的。

如果遇到了困难和难题,先不要慌,仔细地将所有的困难和难题一一列出,然后和小组其他成员慢慢研究、讨论,逐一寻找解决方案,如果还是解决不了,那就求助于指导老师吧。路是人走出来的,办法也是人想出来的,遇到困难,不要急,慢慢想。总会有"柳暗花明又一村"时。

5.6 赛前交流和竞赛时的展示

在竞赛之前学生可以向学校及院系领导申请给予各种帮助,向往届参加比赛的学长取经从而能了解一些参赛的注意事项和参赛技巧。同时可以与学院的老师们交流,获得解决问题的思路。此外,一般全国性的大赛设有交流群,参赛者可以加入,与全国优秀的参赛选手交流学习。群内不乏一些已经得奖的优秀人员,可以通过群得到他们的联系方式,私下与他们交流,解决自己的问题。

竞赛期间的成果展示包含项目书撰写、作品展示、答辩等环节。

项目书的撰写需要考虑格式、内容、创新点、图表、数据和应用价值等因素。建议去图书馆查找相关竞赛参考资料或者参考往届获奖作品项目申报书。作品展示环节一般需要海报的制作,海报中不能出现比赛作者名字和指导教师名字,要求言简意赅,列出内容和创新点、专利等佐证材料,以及具有代表性的图片。答辩环节侧重对话双方的交互,具有很强的考核目的。答辩的过程一般是连续的,答辩的压力很大,时间非常紧张,因此要掌握好时间。答辩时评委会提出不同的问题,并据此判断答辩团队是否具有处理问题的能力。优秀的答辩表现为现场的精彩发挥,而要保证精彩发挥,必须做大量的基础工作才行,一般都需要精心策划整个答辩活动。同时,答辩是否精彩还在于对细节的把握。细节问题或是基础问题可以得到完美展示会给评委留下深刻的印象。

5.7 赛后的总结、提升和传承

参加比赛对学生而言不仅要取得好的成绩,更要体会比赛的过程。一般来讲,在比赛的整个过程中学生会收获知识和友谊。

虽然比赛的过程是艰辛的,但这一点点的艰辛与得到的收获相比就微不足道了。学生也从这种收获中得到喜悦。学生在比赛中获得的荣誉也会为我们之后的各种评比加分,让学生可以比别人有更高的起点。

与此同时,学生还会收获真挚的友谊。在比赛的这段时间里大家一起共同努力来争取实现最终的目标,大家打成一片,从此又多了好多朋友。来自各校的参赛人员和历届参赛的学长都带来了各自团队或个人参赛的宝贵经验,学生学习到的知识远比比赛的结果重要。对于学生来说,比赛的历练是十分难得和宝贵的体验,可以使其更快地成长。

通过比赛,学生的很多能力可以得到提升。比如,通过团队参赛,与人合作、沟通的能力可以得到提升;通过绞尽脑汁地想出一个好的方案,可以更加关注身边的小事情,观察能力和创新能力可以得到提升;通过分析、解决比赛中的问题,解决问题的能力可以得到提升;通过把书本上的知识转化为比赛中实际进行的操作,动手能力可以得到提升。

而这些能力有些是与课堂学习、训练有关的,而有些是没有关系的。比如,与人合作、沟通的能力是很难从课堂训练中得到的。当然有时课堂上也会布置一些小组作业,但这样的小组的维系时间一般不会太长,小组成员合作的程度不会比参加团体比赛时成员合作的程度高。而解决问题的能力与课堂学习是有一定关联的,学生所学习到的专业知识、掌握的一些专业的软件工具的使用方法等都会深深地影响解决问题的思路与方法。创新能力其实与课堂训练也有关系,因为课堂上学到的东西会形成一种思维惯式,使你习惯性地去关注生活中某一方面的东西,所以在这方面创新的机会也更多一些。但仅仅有课堂上的训练是远远不够的,因为课堂上得到的训练多多少少都是闭塞式的,而参加比赛可以让知识与实际生活联系起来,从而开拓思维,提高创新能力。除此之外,比赛可以增强学生的责任心、提升素质。因为一个比赛团队通常来说人数不会太多,这就使得每个成员的责任分明,从而能增强成员的责任心和专注力。通过比赛,参赛者这方面素质的提升是最明显的。

5.8 正确面对竞赛落选

参加比赛肯定希望获奖,说锻炼能力是安慰话,也不是学生参赛的最终目的。大家都知道比赛证书对于奖学金评定、考研和工作面试都是加分项。但是比赛终究是有淘汰率的,有的比赛入围后如果没有获奖(特等奖、一等奖、二等奖、三等奖)就没有证书了。有的比赛,为了鼓励学生在初赛入围的情况下参加省赛,若省赛没有获得名次,会给予入围奖证书(比如省物理创新科技竞赛、常州双创比赛)。但绝大部分比赛是没有入围奖证书的。

那么学生如何面对竞赛落选?除了能力得到提升,另外一个办法是在网上找寻各类竞赛,除了学校经费支持的比赛也可以考虑自费参加一些比赛,有些比赛参加人数少,获奖率稍高,这样只要竞赛主旨符合落选作品内容,可以考虑参加这些比赛,增加自己获奖的概率和希望。注意在投递的时候,要紧贴竞赛主旨,说明书需要做适当的修改。可以考虑国家级、省级、市级和校级等各级各类比赛。竞赛项目的来源可以参考本书前三章内容或者自行在网络搜索。

5.9 发挥传帮带作用

老师的精力是有限的,学生竞赛主要是学生发挥主观能动性积极参与到比赛中去。也许老师首次指导学生竞赛,会把相关经验、方法一一传授给这些学生,到了下一年,如果还是参加类似比赛,那么新一批学生可以不需要完全依赖指导老师的培养,只需要上一批学生发挥传帮带作用,将他们首次参加比赛的各种经验、方法、教训、感悟一一传授给这些学生,往往效果比老师更好。因为,学生之间相比于老师更容易交流,彼此之间的熟悉程度会增加比赛获奖的概率,而且不同专业的学生在一起也容易碰撞出思维的火花。

此外,学生竞赛的参赛者往往不是一个年级一个专业的学生,而是不同年级不同专业的学生聚合在一起,这使得这一类型的比赛可以有延续性和传承性,比如本年级的学生与上一年级的学生参加了当年的比赛,本年级的学生也可以与下一年级的学生参加下一年的比赛,这样本年级的学生从中相当于起到了承上启下的作用,既可以传承又可以传授,周而复始,可以盘活一项比赛的参与率和获奖率。当然这样的比赛一定要性质相同,比如电子竞赛、"蓝桥杯"比赛等,还有像具有时间跨度的教师类科研项目,也可以让一级一级的学生不断参与进去(比如物理创新、虚拟仪器类比赛)。

5.10 跨界合作理念

5.10.1 现代跨界合作理论的提出

所谓跨界合作是指:基于跨学科教师的科研项目,融合不同专业的教师资源、专业完全不同的学生团队、教学场地和设备,共同完成大学生创新训练项目,这些训练过程包括企业调研、不同学科资料的搜集和阅读、项目的交叉实施、讨论、论文和专利的撰写、期中和期末的答辩、不同专业实验室的参观和操作、各类比赛的参与等。

通过前期阶段性的实施,该创新性的方法极大地引起了学生的兴趣,提高了学生参与的热情度,适当的压力和动力充分调动了学生的积极性,使创新训练的实施的主体真正由教师转化为学生。对于教师来说,新颖的教学方法需要在摸索中前进,因此每一步所取得的成果都能带来欣喜,所留下的遗憾都能作为以后前进的基石。以常州工学院大学生创新训练为例,围绕训练过程中普遍存在的问题、解决办法和电类专业大学生跨界合作创新训练实例展开讨论。

大学生创新训练包含开展各类创新训练项目、参加指定竞赛题目的科技比赛以及未明确规定竞赛内容的各类比赛等。

通常,高校创新训练项目一般由 1~2 位教师就某一专业方向指导相同专业方向 1~2 名学生进行研究。该训练形式目标明确,但方向专一难以满足社会对于复合型人才的需求。

如何通过创新训练项目的开展培养既具有扎实的专业理论知识、良好的组织沟通能力又具备跨专业、跨学科基本知识的人才?我们认为,如果能以项目跨界、教师跨界、学生跨界、竞赛平台跨界、成果共享的形式组织大学生开展创新训练项目,应是一种较好的解决办法。

5.10.2 传统大学生训练过程中的问题和解决办法

(1) 学校和学院的宣传力度不大

每年 10 月份学校会在教务处网站通知申报该年度的大学生创新训练项目,而了解这些信息并主动申报的对象通常为教师。据了解,大部分学生很少会关注校园网,而除了网络通知,几乎没有其他途径宣传大学生创新训练项目的申报。虽然学校配有《学生手册》,但很少有学生会主动关注。学生对大学生创新的目的、意义、模式、经费、实施过程以及成果了解有限。

针对上述问题,建议由牵头单位学校教务处张贴海报扩大影响力;辅导员和班导定期宣传;创办创新项目宣讲会,并邀请不同专业项目完成优秀的学长传授经验。

(2) 教师参与度不高

不算教学工作量、花费较多的时间、有限的经费、全凭教师的付出、上升渠道(省级、国家级项目)受职称的限制、缺乏激励机制等都可能是影响教师积极性的因素。教师不能跨界指导学生,由于涉及归属问题,电类专业老师就不能指导主持人为机械或光电学院的学生。

建议学校考虑把指导教师和开放实验室的教师的创新训练纳入工作量并给予最终考核优秀的教师奖励。设立指导教师满意度调查卷,对于上年度满意度较低的老师,本年度不予继续指导大学生创新。此外,也可考虑把创新训练的成果纳入职称的评定。

(3) 学生参与没有压力和动力

主要包括信息不对称,没有硬性考核(答辩),缺乏所谓的明显利益关系(比如保研),客观原因(比如考研),想参与的学生没有渠道向教师推荐自己,跨学科的学生若想跨界组队亦没有合适的平台。

建议学校统计指导教师的数量、研究方向、是否跨界并告之学生。对于跨界的老师则需要告之学生教师对专业的需求,打破学院间壁垒。此外,加大训练成果和奖学金的比例。答辩优异颁发奖状和奖金,并对成果优秀的项目支持组建宣讲团宣讲。

(4) 具体实施和考核

由于教师的选题没有找到合适切入点,通常材料的撰写、创新的实物主要由教师完成。

建议项目实施中进行中期考核、结题答辩等。将材料的撰写和实施主动权交还学生。以学院或系部为单位,每学期或每年组织1次交流会,由学生交流。模仿江苏省大学生创新训练计划网,构建"常工院大学生创新训练计划网",展示设计、创新,还可以网络交流。避免结果导向,一味追求成果,忽略实施的科学性、合理性和对学生能力的培养,考核结果将成果和学生主观感受(调查问卷)结合。此外,建议部分经费交予学生,使学生能够支配自己的经费。

5.10.3 五个跨界理念

(1) 跨界项目是基础

跨界项目可来源于不同专业教师组成的跨界科研团队选择的科研项目,也可以来源于企业需要。

以常州工学院科研团队为例,2011年为给企业解决锂电池薄膜生产线和导光板检测的一致性问题,我校由电子、机械、光学和信号处理等专业的教师跨界组队实施科技攻关,在企业横向项目资助下,在实施过程中提炼新问题,寻找新的解决办法,先后获批区科技计划项目1项、市科技计划项目2项、省自然基金项目1项、省产学研项目2项和省科技计划项目1项,从中还提炼出跨专业模式培养的大学生创新训练项目,这些项目获批国家级2项、省级4项和校级多项项目。从以上实践过程可知,跨专业的科研项目可以为学生提供创新训练源源不断的营养,学生可以根据所感兴趣的范围选择适合自己的训练内容,选择面宽、选择内容深浅不一,而且团队成员来自不同学院,容易碰撞产生意想不到的火花。

(2) 跨界教师团队是保障

传统学生项目实施过程中,需要1~2名教师全身心地付出。跨界的形式由于采用多导师制,一个跨界的课题由几个方向的子课题组成,教师每个方向只需较小的付出即能完成学生参与项目的实施,但是所完成的课题却涵盖了跨专业体系。

在跨界教师的团队建设中,需要一名团队负责人,能够起到组织、管理、协调作用且具有较高的洞察力。团队成员中的教师既可以担负起指导学生的职责,也可以通过指导跨专业的学生了解自己所不熟悉的学生的发展现状、整体学习水平。此外,通过和跨专业教师的交流和合作可以进一步完备个人知识储备、促进个人科研工作、凝聚团队向心力。

教师科研团队并非临时组成,教师要适时在不同场合,比如学校教师培训、不同平台的QQ群等,宣传跨专业科研和学生创新,联系立志于从事跨专业科研和创新项目的老师组队。在笔者所在团队科研开发的后期,由于在产品推广阶段还需要网站制作和产品设计方面的专业意见,通过联系前期学校岗位培训阶段熟识的艺术学院的教师,大家互相合作、取长补短在短时间内跨专业完成了项目的推广,取得了良好的效果。

(3) 跨界学生是主体

传统学生创新项目的实施大都基于同一个学院的平台,学生往往来自一个班级或一个专业。受限于专业视角,研究方向很难打破原有知识体系的束缚。跨界学生团队具有专业互补性、交流开阔性、知识传承性等优势。

由于我校电类专业面向我校经管、机车、数理、电光等学院学生开课,跨界的学生来源就很容易解决,其次不同学院的老师虽然授课的学生来源于同一学院,但不同学院的学生组合在一起会很容易实现跨界主体的完成。因此学生的来源很大程度上依靠跨界的教师。在具体创新的实施过程中,通过近几年的实践发现,一般选择二年级的学生比较合适,因为他们刚进入专业课的学习,同时也不存在考研的冲突,一般通过1年左右的指导都能取得明显的效果。当二年级的学生进入大三后,再引入新的二年级的学生和之前升入大三的学生组合在一起,以不同年级的跨界形式共存,老生带新生,老生可以不需要做过细的工作,新生可以投入较多的时间用于创新训练。采用该种形式往复循环,其中最明显的效果就是大大减少老师的指导工作量,放权于学生,更能调动学生的主观能动性。

(4) 跨界平台是舞台

没有创新训练的平台支撑,科研引导下的跨专业学生的训练是难以实施的,但是创新训练不能仅拘泥于传统的从校到国家的大学生创新训练模式,该模式仅是一个教师可以指导学生做些感兴趣事情的平台,其或许能帮助教师解决一些简单的科研问题,或许能提高学生的跨专业知识。但是传统大学生创新创业训练的模式单一、成果不明显、预期目标不明确。而跨界模式下的创新训练则能在时间周期内不断孕育出创新训练项目、竞赛、论文、专利、软件著作权等,尤其是竞赛类创新训练。以电类专业为例,既然已经跨专业,那么学生不再限于参加电子竞赛,而是可以和所熟识的机械类学生一起参加三维设计大赛,可以和计算机专业的学生组队一起参加计算机设计大赛,同样艺术类的学生擅长制作数字视频,三维大赛同样缺少不了视频的展示环节。就这样你中有我,我中有你,大家在各平台良性互动。跨界在此条件下能极大地发挥其中的作用和意义。

在我校实施过程中,跨专业团队参与的竞赛包括学校的挑战杯赛、创新创业展、资助育人论文征稿;省级的机械类创新大赛、挑战杯赛、机械类三维大赛、计算机类设计大赛、领航杯数字媒体大赛、各类的 DV 大赛;国家级的机械类三维大赛、计算机类设计大赛等。为了系统完善地了解适合跨界的项目,在笔者所指导的创新训练中,正组织不同学院的学生去搜集并分析不同专业适合跨界学生参与的各级各类比赛平台的来源与适合性。

(5) 跨界成果共享是目标

跨界团队拓宽了各种创新和竞赛的渠道,作为跨界学生可以在各级各类平台实现创新和获奖。作为教师,通过和学生互动也能不断丰富教师的科研成果。正是由于跨界创新团队拓宽了各种创新渠道,因此短时间也能够获取更多的成果。短短三年时间团队先后获得了全国 3D 大赛省级一、二、三等奖、江苏省计算机设计大赛三等奖、全国计算机设计大赛三等奖、全国机械创新大赛江苏赛区二、三等奖、全国挑战杯江苏赛区三等奖、江苏省大学生数字媒体作品竞赛三等奖,分别获批国家、江苏大学生创新训练项目 2 项和 4 项,校级大学生创新训练项目多项,其中获得奖项的学生有国家奖学金 2 名,国家励志奖学金超过 10 名,省级三好学生 2 名,校级创新之星 1 名,省优秀毕业设计三等奖 1 名。校级挑战杯一、二等奖、校大学生创新创业展一、二等奖。近年来江苏省高校正全面推广资助育人相关政策,学校层面也推出了各种资助育人的比赛形式,比如研究类论文、个人成才事迹征稿和 DV 比赛。跨界团队中凑巧有贫困生参与且表现优秀,笔者所撰写的科研资助该贫困生的论文获得校级二等奖并参与省资助育人专辑(第五辑)出版的遴选中,团队学生成员撰写该贫困生的个人事迹获得校级一等奖,团队学生拍摄的微电影《插上科研的翅膀》在校"助学·筑梦·铸人"视频征集活动中获得二等奖,并作为学校颁奖典礼的背景视频展示。如果没有这样的跨界团队,工科的教师是很难想象去体验如此众多的跨界平台。

作为教师科研团队,在学生的参与下也逐渐丰富了自己的科研成果,近几年笔者所在团队获得了江苏省高校科技进步奖、常州市科技进步奖、中国仪器仪表学会科技进步奖、中国商业联合会科技进步奖、中国产学研促进会科技进步奖、中国分析测试学会科技进步奖、江苏省轻工业协会科技进步奖等多项奖项,团队教师获校教学名师、优秀教师、优秀共产党员、优秀科技工作者和优秀教育工作者等荣誉,其中 2 名教师晋升副高职称。

丰富的跨界成果除了增加教师的科研经历以外,对于学校、各个学院各级各类平台的验收、年底的考核、平台的申报,甚至于整个学校的发展来说都具有极大的意义。比如电类专业的教师指导了机械、电类、经管类学生参与全国 3D 大赛并获奖,该获奖材料就用于 2016 年获批的电气专业省重点学科和江苏省重点实验室的申报。因此同样的成果不仅对于教师,对于上述三个学院都可以实现成果的互享。一项比赛使多方受益,完全解决了传统创新训练项目各自为战及学院层面成果内容单一、缺乏亮点的不足,开拓了互惠、互利和互赢的新局面。

5.11 电类专业学科竞赛导师介绍

——毛国勇,博士,教授,曾经指导学生获得全国研究生建模大赛国家二等奖(2017 年和 2018 年)。指导学科竞赛类别:数学建模,计算机设计。

——刘小利，博士，高级工程师，曾经在企业从事研发和技术管理工作，承担科技部创新基金项目（2009年）。指导学科竞赛类别："互联网＋"创业大赛，大学生"挑战杯"课外作品大赛。

——方晓毅，硕士，工程师/实验师，曾经指导学生获得全国大学生电子竞赛省级一等奖。指导学科竞赛类别：全国大学生电子竞赛，"西门子杯"智能制造挑战赛。

——陈功，博士，副教授，曾经指导学生获得全国大学生计算机设计大赛三等奖、全国大学生节能减排社会实践与科技竞赛一等奖、全国三维数字化创新设计大赛一等奖、江苏省"挑战杯"二等奖、"互联网＋"和"创青春"三等奖、三维数字化创新设计大赛特等奖、虚拟仪器二等奖、"领航杯"数字媒体竞赛二等奖等，指导学生以第一申请人撰写发明专利多项。指导学科竞赛类别：大学生"挑战杯"课外作品大赛、大学生计算机设计大赛、三维数字化创新设计大赛等比赛。

——马金祥，博士在读，副教授，曾经指导学生获得"蓝桥杯"全国软件和信息技术专业人才大赛国家三等奖（2018年）、"蓝桥杯"全国软件和信息技术专业人才大赛江苏省赛区一等奖（2018年）、全国大学生电子设计竞赛江苏省赛区二等奖（2017年）、江苏省大学生电子设计竞赛——FPGA应用系统设计邀请赛三等奖（2016年）。指导学科竞赛类别："互联网＋"创业大赛，大学生"挑战杯"课外作品大赛，全国大学生电子竞赛。

——胡圣尧，硕士，讲师，曾经指导学生获得全国大学生电子竞赛省级二等奖。指导学科竞赛类别：全国大学生电子竞赛，大学生"挑战杯"课外作品大赛。

——杜宏伟，硕士，曾指导学生获得全国大学生FPGA邀请赛三等奖、"蓝桥杯"程序设计大赛全国二等奖、单片机设计大赛江苏省一等奖及全国三等奖。擅长C语言、C++/QT程序设计、Web应用程序设计、工业应用及物联网系统设计。指导学科竞赛类别："互联网＋"创业大赛，ACM-ICPC国际大学生程序设计竞赛。

——朱益利，博士，副教授，曾经指导学生获得全国大学生电子设计大赛江苏省二等奖（2017年和2018年）。指导学科竞赛类别：大学生"挑战杯"课外作品大赛。

——戚建宇，硕士，讲师，指导并完成国家级大学生科技创新项目一项，省级大学生科技创新项目3项。指导学科竞赛类别："互联网＋"创业大赛，大学生"挑战杯"课外作品大赛。

——鲍彧，博士，讲师，曾参加全国研究生建模大赛并获得国家二等奖（2013年）。指导学科竞赛类别：数学建模。

——计成，博士，讲师，研究方向：图像处理，IC设计。指导学科竞赛类别：计算机设计，数学建模。

——庄志红，副教授，从事单片机、PLC等课程教学近30年，曾开发项目几十种，有丰富的实践开发经验。指导国家级、省级大学生创新训练项目5项，获得省级电子竞赛、国家级"蓝桥杯"单片机组竞赛奖励多项。指导学科竞赛类别："蓝桥杯"单片机组竞赛。

——廉春原，硕士，讲师，有多年为企业服务的经验，曾指导学生参加大学生电子设计竞赛获省二等奖。指导学科竞赛类别：全国大学生电子竞赛，"蓝桥杯"单片机组竞赛。

——郭杰，博士，讲师，曾指导学生获得全国计算机设计大赛二等奖、江苏省三维数字化创新设计大赛一等奖、虚拟仪器竞赛二等奖等，指导学生撰写发明专利多项。指导学科竞赛类别：大学生计算机设计大赛、三维数字化创新设计大赛等。

习题 5

5.1 学科竞赛如何组队参加？

5.2 学科竞赛对学生能力的培养包括哪些？

5.3 如何看待竞赛总结？

6 产教融合的职业技能鉴定

产教融合模式下电类专业人才培养方案落脚点是学生的创新能力的培养,如果学生能通过相关职业技能鉴定,无疑在未来走上社会后拥有了更具含金量的"砝码"。本章主要介绍江苏优埃唯智能科技有限公司与电气信息工程学院产教融合职业技能鉴定模式。即设立机械行业职业技能培训和鉴定场所,面向全校学生提供工业机器人和无人机理论、现场培训和考试的相关工作,学生在考核合格后可以获得机械行业职业技能证书。

6.1 机械行业职业技能鉴定

职业技能鉴定是一项基于职业技能水平的考核活动,属于标准参照型考试。它是由考试考核机构对劳动者从事某种职业所应掌握的技术理论知识和实际操作能力做出客观的测量和评价。职业技能鉴定是国家职业资格证书制度的重要组成部分。国家职业技能鉴定中心是由国家人力资源和社会保障部职业技能鉴定中心以及中国就业培训指导中心共同开发的对国家职业技能从业人员实行在线管理的网络服务平台,主要提供全国各省、区、市的职业技能证书查询服务。

职业技能鉴定的主要内容包括职业知识、操作技能和职业道德三个方面。这些内容是依据国家职业(技能)标准、职业技能鉴定规范(即考试大纲)和相应教材来确定的,并通过编制试卷来进行鉴定考核。职业技能鉴定分为知识要求考试和操作技能考核两部分。

机械工业职业技能鉴定指导中心于1998年3月成立,是经国家人力资源和社会保障部批准授权,负责组织实施机械行业特有工种职业技能鉴定工作的事业单位。其行政归属中国机械工业联合会,业务归属国家人力资源和社会保障部。中心肩负机械工业高技能人才队伍建设的重任,多年来坚持扎实、稳健的工作作风,以机械工业高技能人才队伍振兴为己任,以满足企业人力资源开发、配置、管理为目的,以推动整个技能人才队伍建设、做好机械工业企业发展振兴智力技能保障为目标,为行业职业技能鉴定工作与企业人力资源管理的最佳结合,为高技能人才成长、成才搭建广阔的平台。

机械工业职业技能鉴定指导中心的主要职责:
- 贯彻国家职业技能鉴定有关方针、政策,组织实施机械行业特有工种职业技能鉴定工作。
- 负责机械行业特有工种职业技能鉴定站(分中心)的资格审查工作。
- 组织制定机械行业特有工种国家职业标准,编制鉴定教程及培训教材,按国家题库技术标准组建相应试题库。
- 制定机械行业特有工种职业技能鉴定管理人员和考评人员技能部分的资格要求,并负责组织管理人员和考评人员的资格培训和考核。

- 指导机械行业特有工种职业技能鉴定站开展工作,并对其工作进行检查和评估。
- 组织实施和直接管理高级技师资格考评工作。
- 负责机械行业特有工种《职业资格证书》的核发与管理。
- 加强与有关地区(行业)职业技能鉴定指导中心的联系与协调,承担人力资源和社会保障部委托的职业技能鉴定工作。
- 建立机械行业技能人才信息网络和工作信息网络,为企业间劳动管理资源的最佳配置,以及为社会就业和人才交流提供服务。
- 组织开展机械行业职业技能竞赛活动和国内外职业技术交流。
- 开展职业技能鉴定及有关问题的研究和咨询服务。
- 其他应由"机械工业职业技能鉴定指导中心"承办的工作。

6.2 电气-优埃唯联合职业技能鉴定介绍

常州工学院电气信息工程学院联合江苏优埃唯智能科技有限公司在开阳楼 C 座 1 楼设立机械行业职业技能培训和鉴定场所,其主要从事工业机器人和无人机理论、现场培训和考试的相关工作,学生在考核合格后可以获得机械行业职业技能证书。

目前工业机器人培训地点在学校开阳楼 C 座 1 楼,无人机培训地点在江苏优埃唯智能科技有限公司(网址:www.jsuav.cn;地址:江苏省常州市武进区西太湖科技产业园兰香路 8 号交大科技楼 2 楼)。需要参加鉴定的读者可以联系笔者。

(1) 工业机器人方向

培训内容:机器人技术理论、机器人虚拟仿真、机器人示教、机器人轨迹规划、机器人控制柜接线、机器人生产线调试。

考试方式:①初级证书。理论考试+机器人虚拟仿真。
②中级证书。理论考试+机器人轨迹规划。
③高级证书。理论考试+机器人生产线调试。

(2) 无人机培训方向

培训内容:无人机技术理论、飞行模拟操控、无人机装配调试、无人机维护保养、飞行控制器设计。

考试方式:①初级证书。理论考试+飞行模拟操控。
②中级证书。理论考试+无人机装配调试。
③高级证书。理论考试+飞行控制器设计。

6.2.1 工业机器人方向培训内容(见表6.1)

表6.1 工业机器人培训大纲

上课内容	学时	理论	实践
工业机器人绪论	2	√	
工业机器人虚拟仿真技术	2	√	
欢颜机器人示教	4		√
工业机器人基本指令编程	2		√
工业机器人轨迹规划	2		√
机器人生产线	4		√
工业机器人实训	4		√
合计	20		

(1) 工业机器人绪论(2学时)

工业机器人概念机发展历程;机械臂典型结构及类型;机械臂连杆、关节及自由度;机器人系统组成与结构(见图6.1、图6.2)。

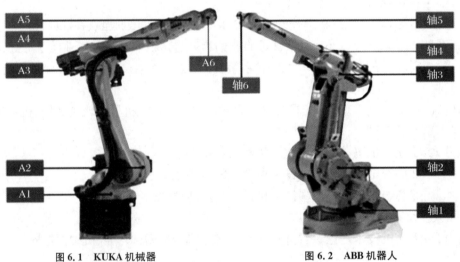

图6.1 KUKA机械器   图6.2 ABB机器人

(2) 工业机器人虚拟仿真技术

Matlab Robotics Toolbox;建立机器人模型;运动学仿真;轨迹规划仿真(见图6.3)。

6 产教融合的职业技能鉴定

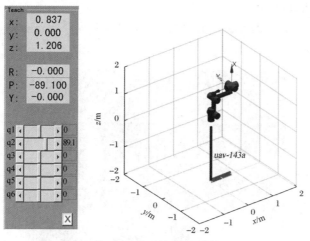

图 6.3 轨迹规划仿真图

(3) 欢颜机器人示教

常用界面;程序扩展指令;维护与示教模式;装设应用;基本操作命令(见图 6.4)。

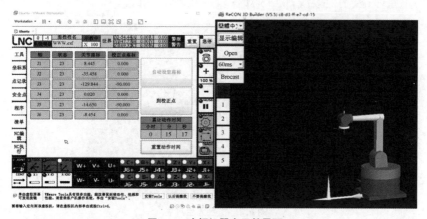

图 6.4 欢颜机器人示教界面

(4) 工业机器人基本指令编程

呼叫程序挡;呼叫 O 挡;呼叫 G 挡(见图 6.5)。

图 6.5 工业机器人实物图

(5) 工业机器人轨迹规划

轨迹规划的概念;线性插值方法;轴码垛机器人圆形轨迹规划;轴码垛机器人三角形轨迹规划(见图6.6)。

图6.6 轴码垛机器人

(6) 机器人生产线

生产线工作原理;控制柜接线;I/O通信;多机联调(见图6.7)。

图6.7 机器人生产线

(7) 工业机器人实训

在指导老师监护下,学员自由操作4轴码垛机器人、机器人生产线和AGV小车(见图6.8)。

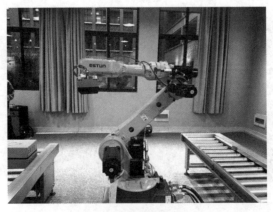

图6.8 4轴码垛机器人

6.2.2 无人机方向培训内容(见表6.2)

表6.2 无人机培训大纲

上课内容	学时	理论	实践
无人机科普知识讲堂	2	√	
无人机种类及组件运用	2	√	
无人机模拟飞行训练	6		√
无人机模拟ASFC考核	1		√
实机调试及悬停飞行训练	6		√
实机四面移动飞行训练	2		√
实机ASFC考核	1		√
合计	20		

(1) 无人机科普知识讲堂

无人机的概念;无人机的发展史;多旋翼无人机;固定翼无人机(见图6.9、图6.10)。

图6.9 固定翼侦察机　　　　图6.10 多旋翼无人机

(2) 无人机种类及组件运用

多旋翼航拍机、植保机、穿越机;固定翼侦察机、航测机;多旋翼飞行器组件及飞行原理;固定翼飞行器组件及飞行原理(见图6.11)。

图6.11 固定翼无人机

（3）无人机模拟飞行训练

遥控器正确的操作规范；多旋翼无人机飞行练习；固定翼无人机飞行练习（见图6.12）。

图 6.12　无人机模拟飞行场景

（4）无人机模拟 ASFC 考核

了解 ASFC 飞行考核要求；模拟 ASFC 初级飞行员考核（见图 6.13）。

图 6.13　无人机模拟飞行考场

（5）实机调试及悬停飞行训练

调试教学无人机；试飞教学无人机；定点悬停飞行练习（见图6.14）。

图 6.14　无人机调试场景

（6）实机四面移动飞行训练

定点悬停飞行检验；俯仰飞行训练；横滚飞行训练；航向飞行训练（见图6.15）。

6 产教融合的职业技能鉴定

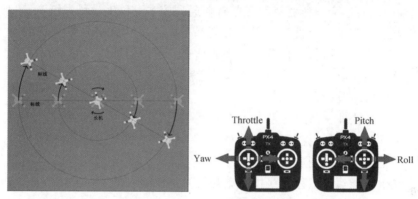

图 6.15 模拟无人机移动飞行画面

(7) 实机 ASFC 考核

模拟实机中国航空运动协会(ASFC)考核内容(见图 6.16)。

图 6.16 ASFC 考核现场

习题 6

试谈职业技能鉴定对学生就业的作用。

附录　电类专业学科竞赛

按照中国高等教育学会学科竞赛和江苏省普通高校本专科生学科省级竞赛目录，有针对性地从竞赛的重要性、参与的广泛性和知名度上列举了国家级和省级各类竞赛的官方网站、最新的竞赛文件、竞赛主题、实施的内容、获奖概率等信息。更多信息请参阅本教材配套网站。

1. "挑战杯"全国大学生课外学术科技作品竞赛
2. 全国大学生电子设计竞赛
3. "蓝桥杯"全国软件和信息技术专业人才大赛
4. 中国"互联网＋"大学生创新创业大赛
5. "创青春"全国大学生创业大赛
6. 全国大学生智能建筑工程实践技能竞赛
7. 全国大学生计算机设计大赛
8. 全国三维数字化创新设计大赛
9. 全国大学生FPGA创新设计竞赛
10. 全国大学生光电设计竞赛
11. 全国大学生交通科技大赛
12. "西门子杯"中国智能制造挑战赛
13. 中国智能仪器仪表设计大赛
14. 全国大学生节能减排社会实践与科技竞赛
15. 中国可再生能源学会大学生优秀科技作品竞赛
16. 中国工程机器人大赛
17. 全国大学生数学建模竞赛
18. 全国大学生智能汽车竞赛
19. 江苏省大学生机器人大赛
20. 江苏省虚拟仪器竞赛
21. 江苏省高校大学生物理及实验科技作品创新竞赛
22. 江苏省大学生水创意设计大赛

参 考 文 献

[1] 于丽荣,郭艳红.大学生创新教育[M].武汉:武汉大学出版社,2012.
[2] 王军年,付铁军.汽车专业大学生科技创新暨全国大赛指南[M].北京:北京理工大学出版社,2015.
[3] 李佳敏.跨界与融合:基于学科交叉的大学人才培养研究[D].上海:华东师范大学出版社,2014.
[4] 蒋逸仙.基于大学生创新性实验计划项目的调查和分析[D].南京:南京大学出版社,2013.
[5] 宋明亮,蒋燕,徐威,等.跨界合作教学模式在大学生创新训练项目中的应用研究[J].美术大观,2014(9):167.
[6] 卢亮.高等院校艺术设计专业跨界合作教学模式初探[J].大众文艺,2012(22):239.
[7] 吴昀辰.高职艺术设计专业"跨界"课程教学改革的探索[J].淮海工学院学报(人文社会科学版),2012,10(23):103-105.
[8] 周潮.跨界设计与跨界教学[J].苏州工艺美术职业技术学院学报,2012(3):5-8.
[9] 甘德安.跨界创新:应用型大学脱颖而出之路[J].江汉大学学报(社会科学版),2014,31(1):103-107.
[10] 陈功.基于项目的大学生创新训练的实践和研究[J].中国科教创新导刊,2014(7):41-42.
[11] 陈功,许清泉,杨辉,等.跨界合作在电气专业大学生创新训练初探[J].科技创新导报,2015,12(9):101-102.
[12] 陈功,朱锡芳,杨辉,等.科研引导下跨界大学生创新训练研究[J].电气电子教学学报,2017,39(6):118-120.
[13] 王丽霞,钱慧娜.创新的技术:创新设计·专利申报·首版制作[M].杭州:浙江大学出版社,2016.
[14] 戴鑫.大学生科技竞赛参赛指南与案例点评[M].武汉:华中科技大学出版社,2017.
[15] 贺星岳.现代高职的产教融合范式[M].杭州:浙江大学出版社,2015.

参赛作品内容